Ermel

Guide d'utilisation

MATHS CE1

Cycle des apprentissages fondamentaux

Anita Jabier
Institutrice - maître formateur
Denise Robert
Institutrice - maître formateur

Hatier

Sommaire

Maquette : Diminfo
Conception graphique : Graphismes

© HATIER - Paris 2001 - ISBN : 978-2-218-73507-3

Présentation

Dès la publication des premiers ouvrages de la nouvelle collection *Ermel - Apprentissages numériques et résolution de problèmes* en Grande Section de maternelle, au CP et au CE1, de nombreux maîtres ont à la fois exprimé tout l'intérêt des situations proposées et mesuré l'important investissement qu'exige leur mise en œuvre dans la classe.
Les activités décrites, surtout quand on s'adresse à de très jeunes élèves, nécessitent le recours à des supports variés, matériel de numération, tableaux de nombres, jeux numériques que le maître doit fabriquer, sans compter les fiches qu'il est souvent amené à photocopier.
Ces contraintes matérielles suffisent pour qu'un certain nombre de maîtres réduisent à quelques activités isolées les situations proposées.
Forte de ces constats, l'équipe Ermel a sollicité deux maîtres formateurs qui en sont membres depuis des années pour concevoir des outils complémentaires susceptibles de faciliter le travail avec *Ermel - Apprentissages numériques et résolution de problèmes au CE1.*

Les nouveaux outils sont au nombre de trois :
– un *Cahier de l'élève* (avec quatre planches de matériel individuel encartées) ;
– les *Numéricartes*, un matériel collectif composé de jeux de cartes numériques ;
– un *Guide d'utilisation* pour le maître.

Conçus à partir d'*Ermel CE1*, ces trois nouveaux outils y font une référence constante. Ce qui génère entre eux des relations mettant en évidence la prépondérance d'*Ermel*.

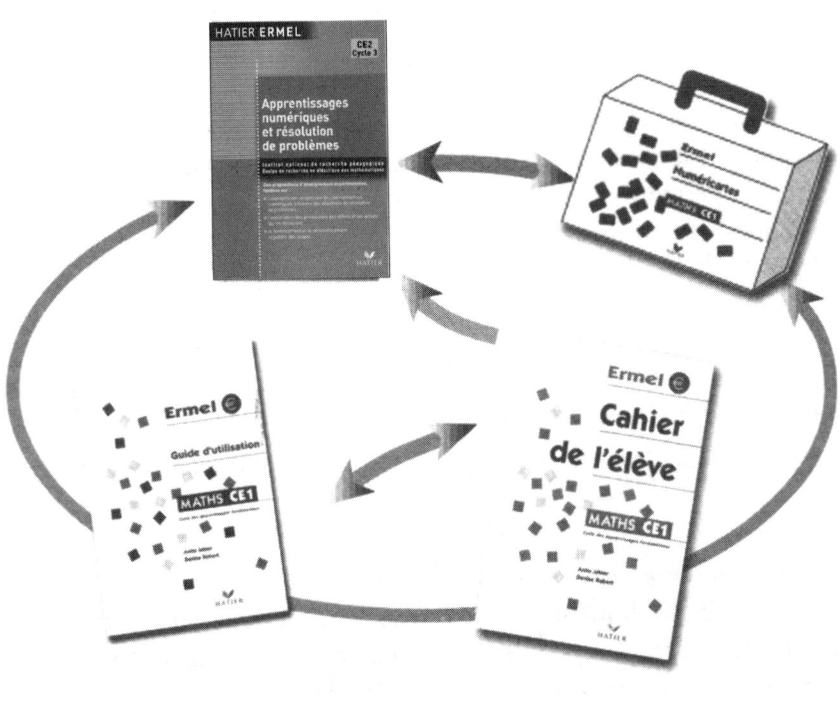

LE CAHIER DE L'ÉLÈVE

Produit consommable, le *Cahier de l'élève* permet de conserver une trace écrite des différentes activités proposées par *Ermel CE1.*
Il offre aux maîtres, aux parents, mais surtout aux élèves, un support sur lequel figurent des énoncés de problèmes, des exercices écrits d'entraînement, de réinvestissement, des règles de jeux mathématiques mais aussi des bilans qui ponctuent les cinq périodes de l'année.
À l'intérieur du *Cahier de l'élève* sont encartées quatre planches de matériel individuel destiné à faciliter l'appropriation de certaines connaissances. Ce matériel prédécoupé se compose d'une bande numérique, d'un matériel de numération, de billets et de pièces de monnaie.

LES NUMÉRICARTES

Ce matériel collectif est constitué de quatre jeux de cartes numériques (loto, dominos, mariage, cartes recto-verso). Il s'agit, à travers ces jeux, de faciliter la mise en place des activités de calcul mental (additif, soustractif, multiplicatif) proposées dans *Ermel CE1.*
Les *Numéricartes* offrent un choix de jeux représentant une synthèse de jeux décrits dans *Ermel CE1.* Le maître a donc la possibilité d'utiliser les *Numéricartes* ou de reprendre les jeux de l'ouvrage de référence.

LE GUIDE D'UTILISATION

Ce guide a pour fonction de faciliter l'utilisation conjointe de l'ouvrage de référence *Ermel CE1,* du *Cahier de l'élève* et des *Numéricartes* :
– il reprend l'organisation thématique de l'ouvrage de référence subdivisé en quatre thèmes : « Problèmes », Calculs additifs et soustractifs », « Calculs multiplicatifs et de division », « Connaître les nombres »; il donne une vision d'ensemble des différentes activités proposées;
– il est structuré en cinq périodes de trois quinzaines chacune;
– il offre un certain nombre d'informations visant à organiser chaque séquence de mathématique.

Les plannings par quinzaine

Chaque quinzaine s'ouvre sur un planning présentant les différentes activités de la quinzaine.

Les informations complémentaires

Après chaque planning, le *Guide d'utilisation* propose pour chacune des activités :
– une répartition en séances;
– l'indication du matériel à prévoir ou à fabriquer;
– les renvois à *Ermel CE1* qui donne le contenu de chaque séance;
– des renvois au *Cahier de l'élève* indiquant : les exercices, énoncés, jeux ou documents qui servent de supports aux activités; les exercices à proposer au cours de chaque séance; les exercices à distribuer sur une quinzaine et ceux à répartir sur toute une période;
– des propositions de différenciation.

Les fiches photocopiables

On trouvera également dans ce guide des fiches photocopiables complétant le travail proposé dans le *Cahier de l'élève* où elles pourront être collées.

Le « cahier-mémoire »

Les auteurs proposent la mise en route d'un « cahier-mémoire » (voir *Guide d'utilisation page 19)* où les élèves consigneront les « faits numériques » qu'ils auront fréquentés au travers des différentes activités : répertoires, tableaux des nombres, décompositions des nombres...
Il s'agit de donner aux élèves un moyen de mémoriser individuellement différents résultats et d'y avoir recours.
Ce « cahier-mémoire » s'enrichira peu à peu au cours de l'année.

Les « exoplus »

À la fin du *Guide d'utilisation* figurent des « exoplus », classés par période, qui sont des exercices supplémentaires à donner aux élèves au cours de chaque période.

Comment utiliser le Cahier de l'élève à partir du Guide d'utilisation

GUIDE D'UTILISATION

Période 2 - Quinzaine 1

Connaître les nombres

Le caissier 1
(le caissier donne)

Ermel pages 309 à 315

Nombre de séances : 7

Matériel :

- une règle du jeu, *Cahier de l'élève page 41.*
- des billets et des pièces de monnaie à manipuler, planche 3, *Cahier de l'élève.*

Pour réaliser le travail par groupes, il suffit de mettre en commun le matériel de 4 enfants. Ce matériel devra être conservé, il sera nécessaire en période 3 pour l'activité « Le caissier 2 ». Il sera aussi un soutien permanent ou ponctuel pour les élèves en difficulté, lors des étapes écrites;

- autre, voir *Ermel page 310.*

Déroulement

• **1re séance** (45 min) - Commencer par la lecture de la règle du jeu, *Cahier de l'élève page 41.* Puis première phase : étapes 1 et 2, *Ermel pages 310 à 311.*

• **2e Séance** (10 min) - Première phase : étape 3, *Ermel page 312.*
Donner les exercices écrits 2 et 3, *Cahier de l'élève pages 41 et 42.*
Le rôle du caissier peut être confié à un élève capable de recourir aux pièces de 10 F pour satisfaire la demande ou à un élève plus performant ;
Cependant, il peut aussi être intéressant de choisir, comme caissier, un élève ne recourant pas aux groupements par 10. Dans ce cas, la lourdeur de la tâche et l'interaction avec les autres joueurs peuvent l'aider à évoluer.
Lors des exercices écrits, certains élèves peuvent avoir recours aux pièces et billets disponibles, planche 3, *Cahier de l'élève.*

• **3e séance** (45 min) - Deuxième phase : étapes 1 et 2, *Ermel pages 312 à 313.*

• **4e séance** (15 min) - Deuxième phase : étape 3, *Ermel page 313.* Donner les exercices écrits 4 et 5, *Cahier de l'élève page 42.*

• **5e séance** (45 min) - Troisième phase : étapes 1, 2 et 3, *Ermel page 314.* Au cours de l'étape 3, donner l'exercice écrit 6, *Cahier de l'élève page 43.*

• **6e séance** (45 min) - Quatrième phase : étapes 1 et 2, *Ermel page 315.*
L'étape 1 n'est nécessaire que si certains élèves demandent plus de 9 pièces d'une même sorte. Selon le cas, passer à l'étape 2 en travaillant les exercices proposés sous forme d'exercices oraux collectifs, *Ermel page 315.* Puis donner les exercices écrits 7 et 8, *Cahier de l'élève page 44.*

• **7e séance** (45 min) - Cinquième phase : étapes 1 et 2, *Ermel page 315.*
Au cours de l'étape 2 donner les exercices écrits 9 à 12, *Cahier de l'élève pages 45 et 46.*

☞ Moduler la distribution des exercices selon les capacités des élèves.

CAHIER DE L'ÉLÈVE

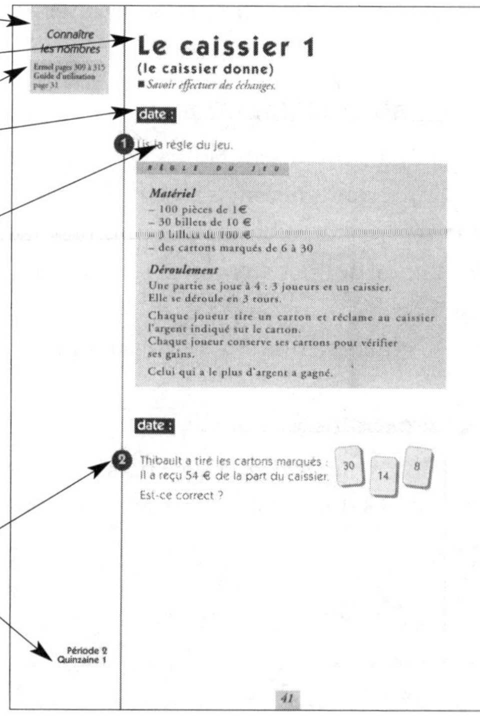
Connaître les nombres
Ermel pages 309 à 315
Guide d'utilisation page 31

Le caissier 1
(le caissier donne)
■ *Savoir effectuer des échanges.*

date :

1 Lis la règle du jeu.

RÈGLE DU JEU

Matériel
– 100 pièces de 1€
– 30 billets de 10 €
– 3 billets de 100 €
– des cartons marqués de 6 à 30

Déroulement
Une partie se joue à 4 : 3 joueurs et un caissier.
Elle se déroule en 3 tours.
Chaque joueur tire un carton et réclame au caissier l'argent indiqué sur le carton.
Chaque joueur conserve ses cartons pour vérifier ses gains.
Celui qui a le plus d'argent a gagné.

date :

2 Thibault a tiré les cartons marqués : 30 14 8
Il a reçu 54 € de la part du caissier.
Est-ce correct ?

Période 2
Quinzaine 1

41

Ⓐ Thème de l'activité.

Ⓑ Titre de l'activité.

Ⓒ Repère temporel.

Ⓓ Renvoi systématique à *Ermel* pour le déroulement de l'activité.

Ⓔ Indication de séance.

Ⓕ Renvoi à la règle du jeu inscrite dans le *Cahier de l'élève* afin d'être lue par l'élève.

Ⓖ Exercice(s) de réinvestissement.

Ⓗ Informations pratiques.

Ⓘ Renvoi aux planches de matériel individuel encartées dans le *Cahier de l'élève.*

Ⓙ Propositions de différenciation.

Ⓚ La « petite main » attire l'attention sur des points particuliers (distribution hors séance des exercices, activités de renforcement, activités rituelles...).

Fiches photocopiables*

Période	Quinzaine	Fiches	Pages
1	1	**1** Le labynombre **2** Les bons de commande	13 14
	2	**3** Les répertoires additifs **4** Le tableau des nombres	20 21
	3	**5** Problèmes à énoncés **6** A - La table de Pythagore (additive) B - La droite numérique	27 28 28
2	1	**7** Le calendrier	32
	2	**8** Les fourmillons (exercices) **9** Les fourmillons (collection de timbres)	37 38
	3	**10** La bataille navale **11** Les mots-nombres (à découper) **12** Les mots-nombres (pour « cahier mémoire »)	43 44 45
3	1	**13** Déplacements sur piste graduée (feuille de route) **14** Déplacements sur piste graduée (piste graduée) A - Les répertoires multiplicatifs (× 3, × 4, × 5) B - Les répertoires des doubles	50 51 52 52
	2	**15** Les répertoires multiplicatifs (× 6 à × 10)	58
	3	**16** La spirale des nombres	63
4	1	**17** Problèmes à énoncés (additifs et soustractifs)	69
	2	**18** La table de Pythagore (multiplicative)	74
	3	**19** 25, 50, 75	79
5	1	**20** Les nombres rectangulaires	84

**Les fiches, distribuées par période et par quinzaine, sont placées à la fin de chaque quinzaine.*

Matériel (à prévoir ou à fabriquer)

Période	Quinzaine	Activités	Matériel	Ermel
1	1	**La boîte jaune** **Le jeu des « dix-minos »** **Les grilles** **Les bons de commande** **La bande numérique** **Le rouleau des nombres**	Cubes et boîtes Cartes et jetons Grilles Collections des petits objets (graines, capsules, etc.) Bande numérique collective Rouleau de papier pour machine à calculer	p.130 p.174 p.207 p.225 p.362 p.363
	2	**Les dominos** **Le tableau des nombres**	Cartes Tableau des nombres collectif	p.183 p.364
	3	**La table de Pythagore**	Table de Pythagore collective	p.194
2	1	**Le panneau**	Bandes de couleur	p.401
	2	**Le tournoi de calcul** **Le jeu des enveloppes**	Cartes Enveloppes, jetons, cartes	p.175 p.266
	3	**Les gommettes** **Le jeu de Yam**	Affiches, gommettes Dés, jetons	p.139 p.287
3	2	**Les jeux multiplicatifs**	Cartes	p.290
	3	**La cible des dizaines, des centaines**	Cartes des multiples de 10, 100	p.200 p.202
4	3	**25, 50, 75**	Dés	p.394

PÉRIODE 1 - QUINZAINE 1

P L A N N I N G

THÈME	MODULE	ACTIVITÉS	ERMEL	GUIDE	CAHIER ÉLÈVE
PROBLÈMES	**Module 1 :** qu'est-ce que résoudre un problème ?	**La rentrée**	p.53	p.10	p.8
		Le goûter	p.55	p.10	p.9
CALCULS ADDITIFS ET SOUSTRACTIFS	**Module 1 :** problèmes additifs et soustractifs[1]	**La boîte jaune**	p.130	p.10	p.10
	Module 2 : apprendre à calculer				
	- mémoriser et/ou reconstruire rapidement des résultats	**Les cartes recto-verso** (jeux 1, 2 et 3)	p.170	p.10	
		Le jeu des « dix-minos »	p.174	p.11	
		Le labynombre (exercices rapides : jeu 1)	p.188	p.11	p.11
	- s'approprier des techniques de calcul réfléchi	**Les grilles**	p.207	p.11	
	- utiliser différents outils de calcul	**Les bons de commande**	p.225	p.11	p.12
CONNAÎTRE LES NOMBRES	**Module 1 :** désignations écrites et orales des nombres	**La bande numérique**	p.362	p.12	p.14
		Le rouleau des nombres	p.363	p.12	p.14
		ACTIVITÉS D'ACCOMPAGNEMENT[2] :			
		Les comptines numériques	p.361	p.12	p.15
		Le jeu du furet	p.361	p.12	p.16

Avertissement

1. Module 1 : problèmes additifs et soustractifs *(Calculs additifs et soustractifs)*
Consulter le planning proposé par *Ermel page 126* sur la présentation des différents types de problèmes additifs et soustractifs.

2. Activités d'accompagnement
Il s'agit le plus souvent d'activités collectives qui se répètent tous les jours, pendant un certain temps, et qui sont progressivement remplacées par d'autres. Elles peuvent éventuellement être reprises d'une quinzaine sur l'autre.
Ces activités ne sont pas systématiquement décrites dans le *Guide d'utilisation.* En revanche, elles sont mentionnées dans le planning qui renvoie à l'ouvrage de référence *Ermel-Apprentissages numériques et résolution de problèmes au CE1.*

Problèmes

La rentrée

Ermel pages 53 à 55

Nombre de séances : 2

Matériel : énoncé, support de l'activité, *Cahier de l'élève page 8.*
Les valeurs numériques sont à compléter. Pour le choix des nombres voir *Ermel page 54.*

Déroulement

• **1re séance** (35 min) - Étape 1, *Ermel page 54.*
Commencer par la lecture de l'énoncé, *Cahier de l'élève page 8.*
La recherche individuelle s'effectue sur une feuille de brouillon.
Sur le statut du brouillon, voir *Ermel page 49, § 2.2.*
À la fin de ce travail individuel, le maître recueille tous les écrits et relève les différentes procédures pour préparer la mise en commun.

• **2e séance** (30 min) - Étape 2, *Ermel page 55.*
Faire la mise en commun.
Sur le rôle de la mise en commun, voir *Ermel pages 31 à 34.*
À l'issue de la mise en commun, relever quelques procédures de résolution de problèmes significatives (pas plus de 3) et les recopier dans le *Cahier de l'élève.*
Chaque élève agrafera dans son cahier, la feuille de brouillon où figure son travail personnel.

Problèmes

Le goûter

Ermel page 55

Nombre de séances : 2

Matériel : énoncé, support de l'activité, *Cahier de l'élève page 9.*
Le choix du nombre sera fait en fonction de la réussite des élèves au problème « La rentrée ».
Pour le choix des nombres, voir *Ermel page 55.*

Déroulement

• **1re séance** (30 min) - Reprendre l'étape 1 de l'activité « La rentrée », *Ermel page 54.*
Commencer par la lecture de l'énoncé, *Cahier de l'élève page 9.*
La recherche individuelle s'effectue sur une feuille de brouillon qui sera ensuite agrafée dans le *Cahier de l'élève.*

• **2e séance** (30 min) - Étape 2 de l'activité « La rentrée », *Ermel page 55.*
Dans le *Cahier de l'élève,* on pourra faire figurer quelques procédures de résolution du problème (pas plus de 3).

Calculs additifs et soustractifs

La boîte jaune (activité 1)

Ermel pages 130 à 132

Nombre de séances : 4

Matériel : voir *Ermel pages 130 et 131.*

Déroulement

• **1re séance** (20 min) - Activité 1, voir *Ermel pages 131 et 132.*

• **2e, 3e et 4e séances** (durée variable; les exploitations étant plus ou moins longues selon l'intérêt des procédures) - Reprendre le déroulement de l'activité 1 en proposant d'autres nombres, voir *Ermel pages 131 et 132.*

☞ Au cours de la quinzaine, donner les exercices écrits 1 à 3, *Cahier de l'élève page 10,* pour évaluer l'évolution des procédures.

Calculs additifs et soustractifs

Les cartes recto-verso (jeux 1, 2 et 3)

Ermel pages 170 à 172

Nombre de séances : 1

Matériel : les *Numéricartes recto-verso* avec règle du jeu.

Jeu 1 : les doubles.
Jeu 2 : les décompositions de 5.
Jeu 3 : les décompositions de 10.

Déroulement

• **Séance** - Une séance est nécessaire pour une bonne appropriation de la règle du jeu, voir *Ermel page 170.*

☞ Par la suite, les jeux pourront fonctionner de façon autonome :
- au cours des activités rituelles;
- en libre-service dans la journée.

Calculs additifs et soustractifs

Le jeu des « dix-minos »

Ermel pages 174 à 175

Nombre de séances : 1

Matériel : des cartes et des jetons à fabriquer par le maître ou avec les élèves, voir *Ermel pages 174 et 175.*

Déroulement

• **Séance** (20 min) - Appropriation de la règle du jeu, *Ermel pages 174 et 175.*

Calculs additifs et soustractifs

Le labynombre (exercices rapides : jeu 1)

Ermel pages 188 et 189

Nombre de séances : 1

Matériel :
- 1 labynombre, support de l'activité, *Cahier de l'élève page 11;*
- 1 labynombre vierge, fiche photocopiable 1, *Guide d'utilisation page 13.*

Déroulement

• **Séance** (20 min) - Reprendre le déroulement proposé par *Ermel page188.* Colorier le labynombre, *Cahier de l'élève page 11.*

☞ Ultérieurement, cette activité pourra être reprise et adaptée pour certains élèves. Pour cela, on utilisera le labynombre vierge.

Calculs additifs et soustractifs

Les grilles

Ermel pages 207 à 208

Nombre de séances : 1

Matériel : des grilles à préparer par le maître, voir *Ermel page 207.*

Déroulement

• **Séance** (30 min) - Première et deuxième phases, *Ermel page 208.*

Calculs additifs et soustractifs

Les bons de commande

Ermel pages 225 à 227

Nombre de séances : 3

Matériel :
- des grilles de formes diverses et des bons de commande, fiche photocopiable 2, *Guide d'utilisation page 14.*
- autre, voir *Ermel page 226.*

Déroulement

• **1re séance** (45 min) - Première phase, *Ermel page 226.*
En donnant la consigne, bien faire repérer par les élèves la contrainte « pas plus de 9 objets d'un même groupement ».

• **2e séance** (45 min) - Deuxième phase, *Ermel pages 226 à 227.*
Former des couples d'élèves hétérogènes; l'interaction entre élèves peut permettre aux enfants en difficulté de donner du sens à la contrainte « pas plus de 9 » dans le cas d'une commande d'un groupement supérieur à 10.

• **3e séance** (30 min) - Troisième phase, *Ermel page 227.* Proposer les exercices écrits 1 et 2, *Cahier de l'élève page 12.*

☞ Quelques jours plus tard, proposer l'exercice écrit 3, *Cahier de l'élève page 13,* afin de vérifier la maîtrise de la technique opératoire de l'addition.

Connaître les nombres

La bande numérique

Ermel pages 362 et 363

Nombre de séances : 2

Matériel :

- 1 bande numérique individuelle, planche 1, *Cahier de l'élève,* à reconstituer avec les élèves; la bande individuelle doit devenir un outil auquel les enfants auront recours le plus tôt et le plus souvent possible;
- 1 bande numérique affichable, à fabriquer par le maître; elle doit être lisible par l'ensemble de la classe et doit permettre aux élèves de :
  - lire certains nombres;
  - savoir écrire ou vérifier l'écriture d'un nombre;
  - savoir situer un nombre par rapport à un autre nombre;
  - surcompter, décompter.

Déroulement

• **1re séance** (45 min) - Réalisation de la bande individuelle. Repérages oraux et visuels de certaines régularités de nombres.

• **2e séance** (40 min) - Voir *Ermel pages 362 et 363.*
Proposer l'exercice écrit, *Cahier de l'élève page 14.*

Connaître les nombres

Le rouleau des nombres

Ermel pages 363 et 364

Nombre de séances : 1

Matériel : 1 rouleau de papier pour machine à calculer à prévoir par le maître, voir *Ermel page 363;* on fera évoluer ce matériel collectif par les élèves régulièrement.

Déroulement

• **Séance** (30 min) - Lancer l'activité.
Ne pas oublier de faire vérifier la liste obtenue par la classe.

☞ Au cours de la quinzaine, proposer les exercices écrits 1 à 4, *Cahier de l'élève pages 14 et 15.*

Connaître les nombres

Les comptines numériques
Le jeu du furet
(activités d'accompagnement)

Ermel pages 361

1 Les comptines numériques
(Ermel page 361)

Dès le premier jour de classe, environ 15 min par jour, mettre en place cette activité en faisant participer chaque enfant.
Ce moment oral permettra au maître de repérer les enfants en difficulté au niveau de :
- l'aspect algorithmique de la suite des nombres;
- la connaissance plus ou moins étendue de la comptine.

Pour dépasser la simple récitation de la suite numérique à la longue monotone, on peut proposer des activités du type de celles rencontrées dans *Ermel CP pages 276 à 278 :*
- Qui va le plus loin?
- On dit chacun deux nombres.
- Le maître se trompe.
- Comptine à l'envers.

☞ Au cours de la quinzaine, donner les exercices écrits 1 à 3, *Cahier de l'élève pages 15 et 16.* Les élèves pourront utiliser leur bande numérique individuelle si nécessaire.

2 Le jeu du furet *(Ermel pages 361 et 362)*

Dès la première semaine, mettre en place cette activité en faisant intervenir tous les élèves.

☞ En fin de quinzaine, proposer les exercices écrits 1 à 6, *Cahier de l'élève pages 16 et 17.*

Fiche 1

Le labynombre *(Calculs additifs et soustractifs)*

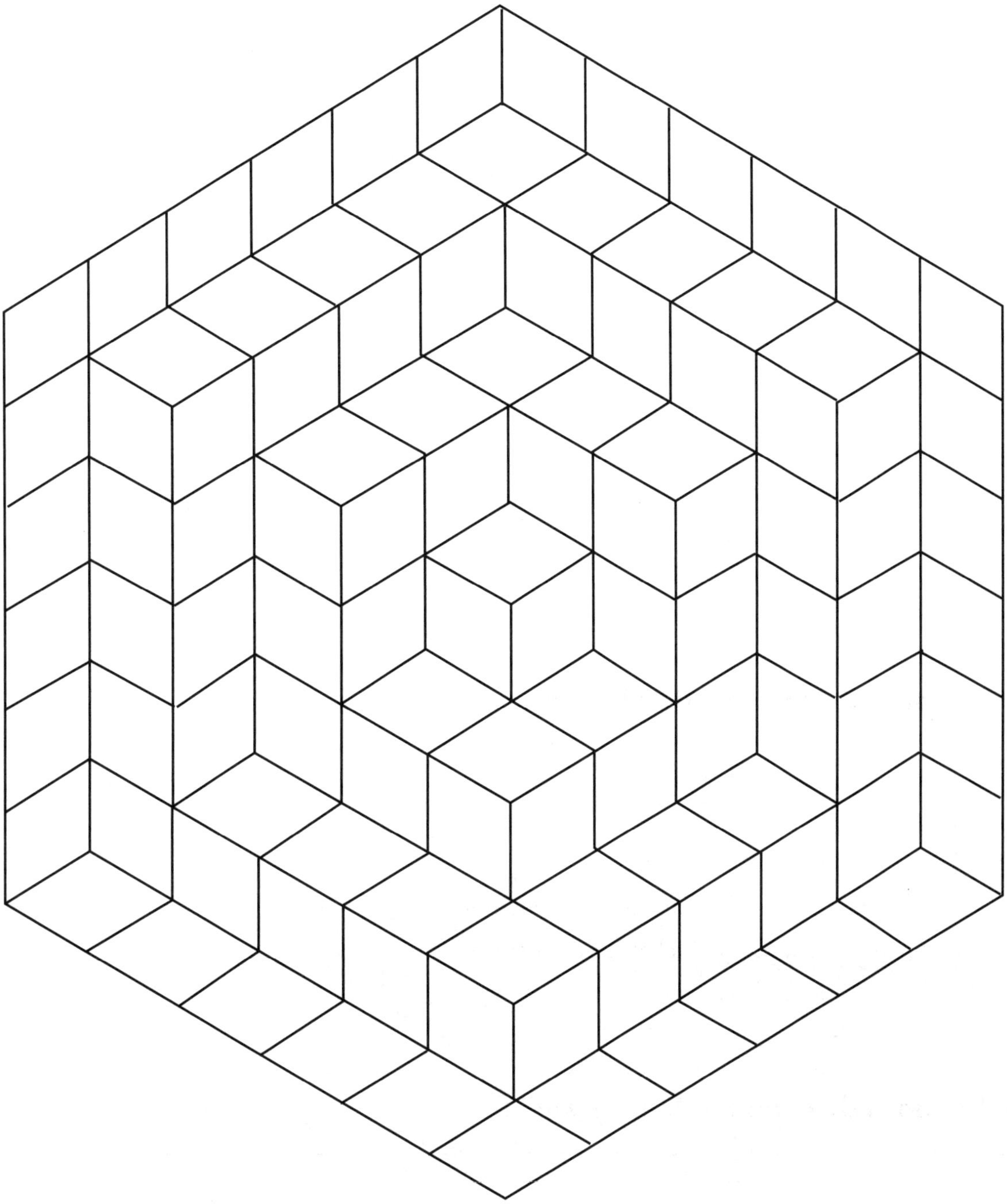

Fiche 2

Les bons de commande *(Calculs additifs et soustractifs)*

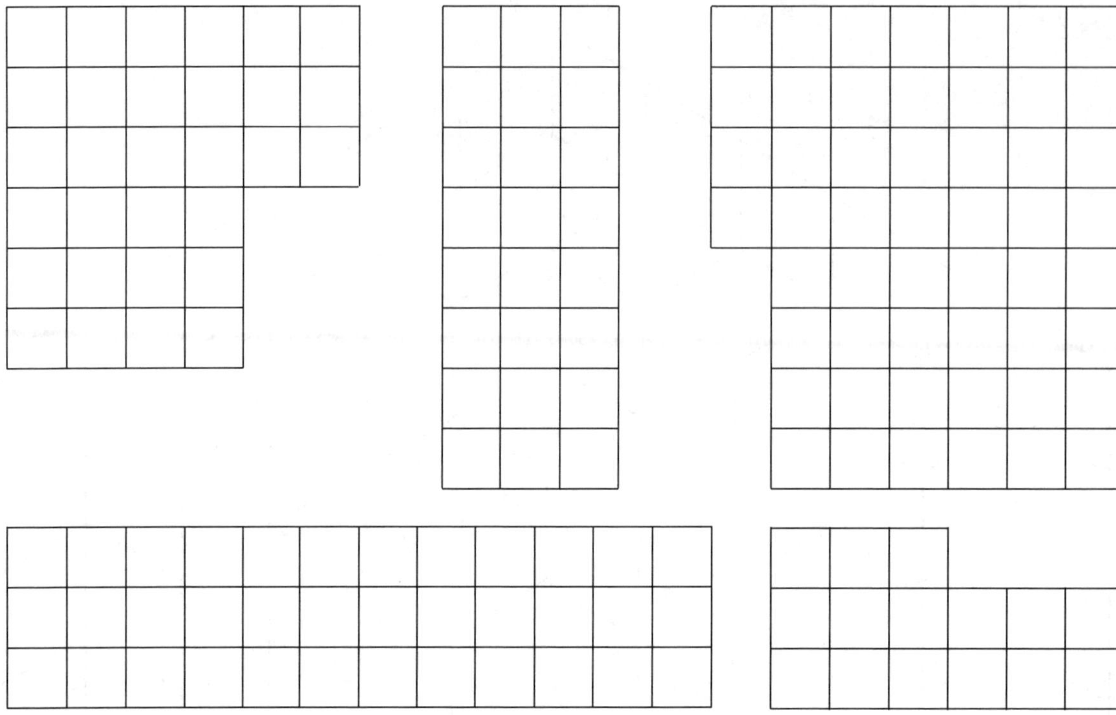

✂ -

Les bons de commande *(1re phase)*

Prénom :

Il me faut :……………….. graines

Je commande :………….. sachets de cent graines

………….. sachets de dix graines

………….. graines isolées

✂ -

Les bons de commande *(2e phase)*

Prénom :

Il faut :…………………….. graines pour……………………..

Il faut :…………………….. graines pour……………………..

Nous commandons :…………………….. sachets de cent graines

…………………….. sachets de dix graines

…………………….. graines isolées

Nous allons recevoir …………………….. graines

PÉRIODE 1 - QUINZAINE 2

P L A N N I N G

THÈME	MODULE	ACTIVITÉS	ERMEL	GUIDE	CAHIER ÉLÈVE
PROBLÈMES	**Module 1 :** qu'est-ce que résoudre un problème ?	**Les voitures**	p.56	p.16	p.18
CALCULS ADDITIFS ET SOUSTRACTIFS	**Module 1 :** problèmes additifs et soustractifs	**La boîte jaune** (activité 2)	p.132	p.16	p.19
		Le nombre pensé	p.136	p.16	p.19
	Module 2 : apprendre à calculer	**Les cartes recto-verso** (jeux 4 et 5)	p.172	p.17	
	- mémoriser et/ou reconstruire rapidement des résultats	**Le tournoi de calcul** (jeu 1)	p.175	p.17	
		Le loto (jeu 1)	p.177	p.17	p.20
		Les dominos (jeu 1)	p.183	p.17	p.20
		Le puzzle (exercices rapides : jeu 2)	p.189	p.18	p.21
		ACTIVITÉS D'ACCOMPAGNEMENT[1] :			
		Les cartes recto-verso (jeux 1, 2 et 3)	p.170		
		Le jeu des « dix-minos »	p.174		
	- s'approprier des procédures de calcul réfléchi	**Utilisation d'un catalogue de résultats** (activité 1)	p.204	p.17	p.20
	- utiliser différents outils de calcul	**La calculette et ses fonctions** (activités 1 et 2)	p.223	p.18	
		Calculs de sommes à l'aide d'abaques[2]	p.227	p.18	
CONNAÎTRE LES NOMBRES	**Module 1 :** désignations écrites et orales des nombres	**Le tableau des nombres**	p.364	p.18	p.22
		ACTIVITÉS D'ACCOMPAGNEMENT[1] :			
		Les comptines numériques	p.361		
		Le jeu du furet	p.361		
		Le rouleau des nombres	p.363		
MISE EN ROUTE du « CAHIER-MÉMOIRE », voir *Guide d'utilisation page 19.*					

Avertissement

1. Activités d'accompagnement
Elles figurent dans le planning à titre indicatif mais ne donnent lieu à aucun commentaire dans le *Guide d'utilisation.*
Le maître pourra proposer comme activités d'accompagnement :
- dans le thème « Calculs additifs et soustractifs » : les cartes recto-verso (jeux 1, 2 et 3), le jeu des « dix-minos » ;
- dans le thème « Connaître les nombres » : les comptines numériques, le jeu du furet, le rouleau des nombres.

2. « Calculs de sommes à l'aide d'abaques » *(Calculs additifs et soustractifs)*
Si à l'issue de l'activité « les bons de commande », proposée en période 1 - quinzaine 1, les élèves maîtrisent la technique opératoire de l'addition à retenue, l'activité « calculs de sommes à l'aide d'abaque » pourra être supprimée.

Problèmes

Les voitures

Ermel pages 56 et 57

Nombre de séances : 3

Matériel :

- énoncé 1, 1er support de l'activité, *Cahier de l'élève page 18;* les valeurs numériques sont à compléter. Pour le choix des nombres voir *Ermel page 56;*
- énoncé 2, « La pâtissière », 2e support de l'activité, *Cahier de l'élève page 18;* pour le choix des nombres, utiliser les valeurs suivantes :
- pour les enfants ayant réussi au problème « Les voitures » : 52 tartes et 4 tartes par boîte;
- pour les enfants ayant échoué au problème « Les voitures » : 36 tartes et 3 tartes par boîte.

Déroulement

• **1re séance** (20 min) - Étape 1, *Ermel pages 56 et 57.*
Commencer par la lecture de l'énoncé 1, *Cahier de l'élève page 18.*
La recherche individuelle s'effectue sur une feuille de brouillon. À la fin du travail, le maître recueille tous les écrits et relève les différentes procédures pour préparer la mise en commun.

• **2e séance** (30 min) - Étape 2, *Ermel page 57.*
À l'issue de la mise en commun, écrire quelques procédures qui paraissent significatives dans le *Cahier de l'élève.* Agrafer, dans le *Cahier de l'élève,* le travail personnel (effectué sur brouillon) de chacun.

• **3e Séance** (30 min) - Étape 3, *Ermel page 56.*
Travailler sur l'énoncé 2 « La pâtissière », *Cahier de l'élève page 18.*
La résolution individuelle du problème s'effectue cette fois directement dans le *Cahier de l'élève.*

Calculs additifs et soustractifs

La boîte jaune (activité 2)

Ermel pages132 à 134

Nombre de séances : 2

Matériel : des calculettes à prévoir pour les élèves.

Déroulement

• **1re séance** (30 min) - Activité 2, *Ermel pages 132 à 134.*
Reprendre le travail proposé dans la première phase : Domaine numérique nécessitant le recours à un calcul écrit ou à la calculette, *Ermel page 133.*

• **2e séance** (30 min) - Reprendre le travail proposé dans la deuxième phase Domaine numérique permettant un calcul mental, *Ermel page 134.*
Puis donner les exercices écrits 1 et 2, *Cahier de l'élève page 19.*

Calculs additifs et soustractifs

Le nombre pensé

Ermel page 136

Nombre de séances : 1

Matériel : des calculettes à prévoir pour les élèves.

Déroulement

• **Séance** (20 min) - Proposer les exercices écrits 1 et 2, *Cahier de l'élève page 19.*

Calculs additifs et soustractifs

Les cartes recto-verso
(jeux 4 et 5)

Ermel page 172

Nombre de séances : 1

Matériel : les *Numéricartes recto-verso* avec règle du jeu.

Jeu 4 : les décompositions de 6, 7, 8, 9 avec appui sur 5.
Jeu 5 : idem.

Déroulement

• **Séance** - Appropriation de la règle du jeu, *Ermel pages 170 et 172.*

☞ Par la suite, ces jeux pourront fonctionner de façon autonome :
- au cours des activités rituelles;
- en libre-service dans la journée.

Calculs additifs et soustractifs

Le tournoi de calcul
(jeu 1)

Ermel pages 175 et 176

Nombre de séances : 1

Matériel : les cartes recto-verso du jeu 5 peuvent être utilisées.

Déroulement

• **Séance** (20 min) - Appropriation de la règle du jeu; voir le déroulement proposé par *Ermel page 175.*
Lors d'une partie, chaque élève obtient un point par carte gagnée. Il totalise les points obtenus et les note.

☞ Au cours de la quinzaine, proposer plusieurs parties en motivant l'élève pour qu'il améliore son score d'une partie sur l'autre.

Calculs additifs et soustractifs

Calculs : le loto - les dominos - utilisation d'un catalogue de résultats

Ermel pages 177 à 180 - 183 et 184 - 204 et 205

1 Le loto : jeu 1 (*Ermel pages 170 à 180*)

Nombre de séances : 1

Matériel : les *Numéricartes du loto* avec règle du jeu.

Jeu 1 : s'entraîner à la mémorisation et/ou à la reconstruction rapide des résultats du répertoire additif.

Déroulement

• **Séance** (30 min) - Appropriation de la règle du jeu, voir le déroulement proposé par *Ermel pages 170 à 180.*

☞ Par la suite, ce jeu pourra fonctionner de manière autonome. Une partie se joue avec 4 joueurs dont 1 interprétant le rôle du maître.

2 Les dominos : jeu 1 *(Ermel pages 183 et 184)*

Nombre de séances : 1

Matériel : des cartes à fabriquer par le maître ou par les élèves, voir *Ermel page 183.*

Jeu 1 : s'entraîner à la mémorisation et à la reconstruction rapide des résultats extraits du répertoire additif avec les sept valeurs : 4, 5, 6, 7, 8, 9, 10.

Déroulement

• **Séance** (20 min) - Voir *Ermel pages 183 et 184.*

3 Utilisation d'un catalogue de résultats : activité 1 *(Ermel pages 204 et 205*

Nombre de séances : 1

Déroulement

• **Séance** (20 min) - Activité 1, *Ermel pages 204 et 205.*

☞ En fin de quinzaine, après la fréquentation des jeux : les cartes recto-verso, le tournoi de calcul, les exercices rapides, le loto, les dominos, proposer les exercices écrits 1 à 4, *Cahier de l'élève page 20.*

Calculs additifs et soustractifs

Le puzzle (exercices rapides : jeu 2)

Ermel pages 189 à 191

Nombre de séances : 1

Matériel : puzzle, support de l'activité, *Cahier de l'élève page 21.*

Déroulement

• **Séance** (20 min) - Voir le déroulement proposé par *Ermel page 189.*
Faire colorier le puzzle, *Cahier de l'élève page 21.*

Calculs additifs et soustractifs

La calculette et ses fonctions (activités 1 et 2)

Ermel pages 223 et 224

Nombre de séances : 2

Matériel : 1 calculette à prévoir par enfant. Sur le rôle de la calculette, voir *Ermel pages 123* et *124, § 4.*

Déroulement

• **1re séance** (30 min) - Activité 1, *Ermel page 223.*

• **2e séance** (30 min) - Activité 2, *Ermel pages 223 et 224.*

Calculs additifs et soustractifs

Calculs de sommes à l'aide d'abaques

Ermel pages 227 et 228

Nombre de séances : 1

Matériel : des feuilles-abaques ou des abaques à prévoir par le maître, voir *Ermel pages 227 et 228.*

Déroulement

• **Séance** (20 min) - Reprendre le déroulement proposé par *Ermel page 228.*

Connaître les nombres

Le tableau des nombres

Ermel pages 364 à 366

Nombre de séances : 5

Matériel :

- 1 tableau des nombres collectif affichable et lisible, à fabriquer par le maître;
- 1 tableau des nombres, fiche photocopiable 4, *Guide d'utilisation page 21;* on y effectuera les repérages proposés dans *Ermel page 365.*

Chaque élève devra disposer d'un tableau des nombres qui constitue un outil de lecture et de repérage des nombres.

Déroulement

• **1re séance** (35 min) - Découverte du tableau (lignes, colonnes). Proposer les exercices de la rubrique « Coloriages », voir *Ermel page 348* sur la fiche photocopiable 4, *Guide d'utilisation page 21.*
À la suite de chaque exercice, un moment oral important doit permettre aux élèves de dégager des règles de la numération écrite :
- place et rôle de chaque chiffre du nombre;
- « famille » des nombres.

Le tableau des nombres peut être aussi un support (pour les enfants en difficulté notamment) pour l'énonciation des comptines orales (2 en 2; 5 en 5; 10 en 10).

☞ Avant les 2e, 3e, 4e, et 5e séances, prévoir un court moment oral (10 min) à partir du tableau des nombres collectif. Au cours de ce moment, on privilégiera les élèves en difficulté.
Proposer comme activités des recherches de nombres à partir de consignes orales telles que :
- « Montre le nombre “*n*”. »
- « Montre la famille des “quarante”. »
- « Cherche un nombre “*x*” dans la famille des... qui se termine par... Nomme-le. »

• **2e séance** (20 min) - Tableaux à compléter, voir *Ermel page 365.*

Donner les exercices écrits 1 à 5, *Cahier de l'élève pages 22 et 23.*

• **3e séance** (20 min) - Extraits de tableaux à compléter.
Donner l'exercice écrit 6, *Cahier de l'élève page 24.*

• **4e séance** (20 min) - Chasser l'intrus, voir *Ermel page 365.*
Donner les exercices écrits 7 à 9, *Cahier de l'élève page 25.*

• **5e séance** (20 min) - Jeux de portrait ayant pour support le tableau collectif des nombres, voir *Ermel page 366.*

Mise en route du « cahier-mémoire »

Au travers des différents jeux de calcul, les élèves ont fréquenté les décompositions additives de 5 à 10 et les doubles. Il est maintenant nécessaire de leur donner un moyen de mémoriser individuellement ces résultats et de les avoir à disposition.
Nous proposons donc d'ouvrir au cours de cette quinzaine, un cahier (ou tout autre support) qui permettra de stocker les documents : répertoires additifs, fiche photocopiable 3, *Guide d'utilisation page 20*; tableau des nombres, fiche photocopiable 4, *Guide d'utilisation page 21*, etc.
Ce « cahier-mémoire » s'enrichira au cours de l'année.

Fiche 3

Les répertoires additifs *(Calculs additifs et soustractifs)*

5	6	7	8
5 + 0 = 5	6 + 0 = 6	7 + 0 = 7	8 + 0 = 8
4 + 1 = 5	5 + 1 = 6	6 + 1 = 7	7 + 1 = 8
3 + 2 = 5	4 + 2 = 6	5 + 2 = 7	6 + 2 = 8
	3 + 3 = 6	4 + 3 = 7	5 + 3 = 8
			4 + 4 = 8

9	10	les doubles	les doubles
9 + 0 = 9	10 + 0 = 10	2 + 2 = 4	8 + 8 = 16
8 + 1 = 9	9 + 1 = 10	3 + 3 = 6	9 + 9 = 18
7 + 2 = 9	8 + 2 = 10	4 + 4 = 8	10 + 10 = 20
6 + 3 = 9	7 + 3 = 10	5 + 5 = 10	
5 + 4 = 9	6 + 4 = 10	6 + 6 = 12	
	5 + 5 = 10	7 + 7 = 14	

Fiche 4

Le tableau des nombres *(Connaître les nombres)*

0	1	2	3	4	5	6	7	8	9
10	11	12	13	14	15	16	17	18	19
20	21	22	23	24	25	26	27	28	29
30	31	32	33	34	35	36	37	38	39
40	41	42	43	44	45	46	47	48	49
50	51	52	53	54	55	56	57	58	59
60	61	62	63	64	65	66	67	68	69
70	71	72	73	74	75	76	77	78	79
80	81	82	83	84	85	86	87	88	89
90	91	92	93	94	95	96	97	98	99

0	1	2	3	4	5	6	7	8	9
10	11	12	13	14	15	16	17	18	19
20	21	22	23	24	25	26	27	28	29
30	31	32	33	34	35	36	37	38	39
40	41	42	43	44	45	46	47	48	49
50	51	52	53	54	55	56	57	58	59
60	61	62	63	64	65	66	67	68	69
70	71	72	73	74	75	76	77	78	79
80	81	82	83	84	85	86	87	88	89
90	91	92	93	94	95	96	97	98	99

PÉRIODE 1 - QUINZAINE 3

P L A N N I N G

THÈME	MODULE	ACTIVITÉS	ERMEL	GUIDE	CAHIER ÉLÈVE
PROBLÈMES	**Module 2 :** sélection d'informations et compréhension d'énoncés	**Le restaurant scolaire**	p.59	p.24	p.26
CALCULS ADDITIFS ET SOUSTRACTIFS	**Module 1 :** problèmes additifs et soustractifs	**Problèmes à énoncés**[1]	p.137	p.24	p.28
	Module 2 : apprendre à calculer	**Le loto**[2] (jeu 2)	p.180	p.24	
	- mémoriser et/ou reconstruire rapidement des résultats	**Les dominos**[2] (jeu 2)	p.184	p.24	
		Les jeux de bataille[2] (jeux 1 et 2)	p.187	p.24	
		Exercices rapides[2] (jeux 3 à 7)	p.192	p.25	
		La table de Pythagore	p.194	p.25	p.29
	- utiliser différents outils de calculs	**La calculette et ses fonctions** (activités 3 et 4)	p.224	p.25	
		Calculs de sommes à l'aide de la technique opératoire	p.228	p.25	p.30
CONNAÎTRE LES NOMBRES	**Module 1 :** désignations écrites et orales des nombres	**Autres jeux de portrait**	p.366	p.26	p.31
	Module 2 : structurer la suite des nombres	**Introduction de la droite numérique**	p.375	p.26	p.32
	Module 3 : des nombres pour mesurer	**Les billes**	p.396	p.26	p.33
		ACTIVITÉS D'ACCOMPAGNEMENT :			
		Les comptines numériques	p.361		
		Le jeu du furet	p.361		
		Le rouleau des nombres	p.363		
BILAN 1, voir *Guide d'utilisation page 26.*					

Avertissement

1. « Problèmes à énoncés » *(Calculs additifs et soustractifs)*
Les « problèmes à énoncés » proposés au cours de cette quinzaine sont nombreux.
Le maître pourra faire une sélection et en proposer un certain nombre au cours de la quinzaine 1 de la période 2.

2. Jeux et « exercices rapides » *(Calculs additifs et soustractifs)*
Les jeux de loto (2), de dominos (2), les jeux de bataille (1 et 2) et les exercices rapides (3 à 7) seront retenus par le maître en fonction des compétences et des besoins des élèves.

Problèmes

Le restaurant scolaire

Ermel pages 59 et 60

Nombre de séances : 3

Matériel : énoncés 1 et 2, supports des activités, *Cahier de l'élève pages 26 et 27.*
Sur la sélection d'informations, *voir Ermel page 50, § 3.*

Déroulement

• **1re séance** (30 min) - Étape 1, *Ermel pages 59 et 60.*
Commencer par la lecture de l'énoncé 1, *Cahier de l'élève page 26.*

• **2e séance** (30 min) - Étape 2, *Ermel page 59.*
La mise en commun doit être différée pour permettre une analyse des différentes procédures.

• **3e séance** (30 min) - Prolongement, *Ermel page 60.*
Le travail s'effectue à partir de l'énoncé 2, « l'étude », *Cahier de l'élève page 27.*

Calculs additifs et soustractifs

Problèmes à énoncés

Ermel pages 137 à 139

Nombre de séances : 1 (par problème)

Matériel :
- 3 énoncés, *Cahier de l'élève page 28 ;*
- 7 énoncés, fiche photocopiable 5, *Guide d'utilisation page 27.*

Déroulement

Voici le déroulement d'une séance type.

• **Séance type** (15 min) :
1. lecture individuelle silencieuse;
2. lecture orale effectuée par le maître pour les enfants en difficulté en lecture;
3. recherche individuelle;
4. mise en commun des procédures.

☞ Au cours de la quinzaine, proposer les énoncés 1 à 3, *Cahier de l'élève page 28* et penser à répartir les énoncés photocopiables sur toute la période 1.

Calculs additifs et soustractifs

Le loto
(jeu 2)

Ermel pages 180 à 181

Nombre de séances : 1

Matériel : cartes à fabriquer par le maître, voir *Ermel pages 180 et 181.*

Jeu 2 : additif, soustractif, « pour aller à ».

Déroulement

• **Séance** - Appropriation de la règle du jeu.
Reprendre le déroulement du jeu 1 de loto proposé dans *Ermel pages 177 à 180.*

Calculs additifs et soustractifs

Les dominos
(jeu 2)

Ermel pages 184 et 185

Nombre de séances : 1

Matériel : des cartes à fabriquer par le maître et/ou par les élèves, voir *Ermel page 184.*

Jeu 2 : s'entraîner à la mémorisation et à la reconstruction rapide de résultats extraits des répertoires additifs, soustractifs, « pour aller à » avec les sept valeurs : 4, 5, 6, 7, 8, 9, 10.

Déroulement

• **Séance** - Voir *Ermel page 185.*

Calculs additifs et soustractifs

Les jeux de bataille
(jeux 1 et 2)

Ermel pages 187 et 188

Nombre de séances : 1

Matériel : les *Numéricartes des jeux de bataille* avec règle du jeu.

Jeu 1 : mémorisation du répertoire additif.
Jeu 2 : mémorisation du répertoire additif et plus particulièrement des doubles.

☞ Ces jeux sont à introduire en période 1 et à fréquenter surtout en période 2.

Déroulement

• **Séance** (20 min) - Appropriation de la règle du jeu.
Reprendre le déroulement proposé par *Ermel page 187.*

Calculs additifs et soustractifs

Exercices rapides (jeux 3 à 7)

Ermel pages 192 et 193

Nombre de séances : 1 (par exercice choisi)
Jeu 3 : calculette.
Jeu 4 : dominos.
Jeu 5 : jeux fictifs.
Jeu 6 : jeux de doigts.
Jeu 7 : calcul rapide.

Déroulement

• **Séance** (20 min) - Voir *Ermel pages 192 et 193.*

Calculs additifs et soustractifs

La table de Pythagore

Ermel pages 194 à 197

Nombre de séances : 3

Matériel :
- 1 table de Pythagore collective et affichable, à préparer par le maître;
- 1 table de Pythagore individuelle à compléter, *Cahier de l'élève page 29;*
- 1 table de Pythagore complète, fiche photocopiable 6A, *Guide d'utilisation page 28,* à donner aux élèves en fin d'activité et à coller dans le « cahier-mémoire ».

Les élèves pourront se référer à la table de Pythagore pour chercher, par exemple, les décompositions additives d'un même nombre.

Déroulement

• **1re séance** (40 min) - Première et deuxième phases, *Ermel page 195.*
Travailler sur l'exercice écrit 1, *Cahier de l'élève page 29.*

• **2e séance** (30 min) - Troisième phase, *Ermel page 196.*

• **3e séance** (30 min) - Autres activités utilisant le répertoire, *Ermel pages 196 et 197.*
Proposer l'exercice écrit 2, *Cahier de l'élève page 29.*

Calculs additifs et soustractifs

La calculette et ses fonctions (activités 3 et 4)

Ermel pages 224 et 225

Nombre de séances : 2
Matériel : 1 calculette par élève.

Déroulement

• **1re séance** (20 min) - Activité 3, *Ermel pages 224 et 225.*

• **2e séance** (20 min) - Activité 4, *Ermel page 225.*

Calculs additifs et soustractifs

Calculs de sommes à l'aide de la technique opératoire

Ermel page 228

Nombre de séances : 1

Déroulement

• **Séance** (30 min) - Proposer l'exercice écrit, *Cahier de l'élève page 30.*

Connaître les nombres

Autres jeux de portrait

Ermel pages 366 et 367

Nombre de séances : 3
Matériel : 1 exercice écrit, à préparer par le maître, voir *Ermel page 366.*

Déroulement

• **1re séance** (20 min) - Proposer l'exercice écrit préparé par le maître. Il s'agit de trouver un nombre dans une liste à partir de questions auxquelles on répond par « oui » ou par « non ».
Proposition de liste : 835 - 118 - 708 - 538 - 234.
Au cours de cette séance, les élèves doivent comprendre qu'ils ne peuvent pas répondre immédiatement, mais que des étapes sont nécessaires au cours desquelles ils pourront barrer, entourer... les nombres.

• **2e séance** (20 min) - Travail collectif oral. Partir des exemples de listes proposées dans *Ermel page 366*, afin que les élèves s'approprient les contraintes de la consigne.

• **3e séance** (20 min) - Travail individuel à partir des exercices écrits 1 à 2, *Cahier de l'élève page 31.* Puis mise au point collective. L'exercice 3, *Cahier de l'élève page 31*, apportera un moment de détente.

Connaître les nombres

Introduction de la droite numérique

Ermel pages 375 à 377

Nombre de séances : 4
Matériel :
- des étiquettes vierges;
- des droites graduées, fiche photocopiable 6B, *Guide d'utilisation page 28.*

Déroulement

• **1re séance** (30 min) - Première phase, *Ermel pages 375 et 376.*

• **2e séance** (30 min) - Deuxième phase, *Ermel pages 376 et 377.*

• **3e séance** (20 min) - Troisième phase : *Ermel page 377.*

• **4e séance** (20 min) - Proposer les exercices écrits 1 à 4, *Cahier de l'élève page 32.*

Connaître les nombres

Les billes

Ermel pages 396 à 400

Nombre de séances : 2
Matériel :
- exercices écrits 1 et 2, supports de l'activité, *Cahier de l'élève pages 33 et 34.*
- autre, voir *Ermel page 398.*

Déroulement

• **1re séance** (30 min) - Voir *Ermel pages 398 à 399.* Travail individuel à partir de l'exercice écrit 1, *Cahier de l'élève page 33*, puis mise en commun.

• **2e séance** (20 min) - Entraînement, *Ermel pages 399 et 400.* Travail individuel à partir de l'exercice écrit 2, *Cahier de l'élève page 34.*

Bilan 1

À la fin de la période, proposer le bilan 1, *Cahier de l'élève pages 35 et 36.*

Fiche 5

Problèmes à énoncés *(Calculs additifs et soustractifs)*

1 Nicolas regarde le parking de son immeuble. Il observe la couleur de toutes les voitures. Il y a 7 voitures rouges, 4 jaunes, 3 vertes, 6 noires, 5 blanches, 10 grises, 5 bleues.

Combien y a-t-il de voitures en tout ?

2 Il y a 27 cubes dans une boîte. Cédric ajoute 18 cubes, mais Stéphane vient en retirer 9.

Combien y a -t-il de cubes dans la boîte maintenant ?

3 Dans un parking, il y avait pendant la nuit 45 voitures. Le lendemain matin, 17 voitures sont sorties du parking.

Combien y a-t-il de voitures dans le parking maintenant ?

4 Dans le parking, il y a 43 Renault, 55 Citroën, 37 Peugeot et 15 Ford.

Combien y a-t-il de voitures en tout ?

5 Ce matin, il y avait 26 voitures dans le parking. Depuis, d'autres voitures sont entrées dans le parking.
Il y a maintenant 42 voitures.

Combien de voitures sont entrées dans le parking ?

6 Quand le parking de la mairie est plein, il contient 63 voitures. Aujourd'hui, il y a 20 places disponibles.

Combien y a -t-il de voitures stationnées dans le parking de la mairie aujourd'hui ?

7 Dans l'armoire de la classe, il y a :
- 3 paquets de 25 cahiers rouges ;
- 2 paquets de 50 cahiers verts ;
- 1 paquet de 35 cahiers jaunes.

Combien y a -t-il de paquets en tout ?
Combien y a -t-il de cahiers dans l'armoire ?

Fiche 6

A - La table de Pythagore *(Calculs additifs et soustractifs)*

+	0	1	2	3	4	5	6	7	8	9
0	0	1	2	3	4	5	6	7	8	9
1	1	2	3	4	5	6	7	8	9	10
2	2	3	4	5	6	7	8	9	10	11
3	3	4	5	6	7	8	9	10	11	12
4	4	5	6	7	8	9	10	11	12	13
5	5	6	7	8	9	10	11	12	13	14
6	6	7	8	9	10	11	12	13	14	15
7	7	8	9	10	11	12	13	14	15	16
8	8	9	10	11	12	13	14	15	16	17
9	9	10	11	12	13	14	15	16	17	18

B - La droite numérique (2ᵉ phase) *(Connaître les nombres)*

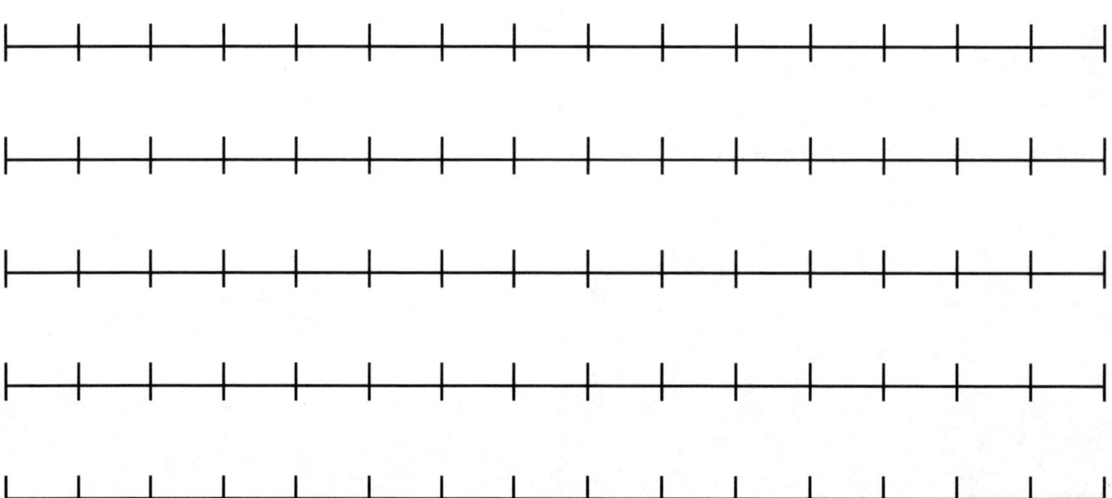

PÉRIODE 2 - QUINZAINE 1

P L A N N I N G

THÈME	MODULE	ACTIVITÉS	ERMEL	GUIDE	CAHIER ÉLÈVE
PROBLÈMES	**Module 2 :** sélection d'informations et compréhension d'énoncés	**Le calendrier** **Le catalogue**	p.60 p.62	p.30 p.30	p.38 p.39
CALCULS ADDITIFS ET SOUSTRACTIFS	**Module 2 :** apprendre à calculer - mémoriser et/ou reconstruire rapidement des résultats	**Le furet** **La fusée**	p.200 p.200	p.30 p.30	p.40 p.40
	- s'approprier des procédures de calcul réfléchi	**Utilisation d'un catalogue de résultats** (activité 2)	p.205	p.30	p.40
	- réinvestir ces compétences	**La boîte jaune**	p.216	p.30	p.40
		ACTIVITÉS D'ACCOMPAGNEMENT * : **Comptines orales : de 1 en 1, de 2 en 2** **Décompter de 1 en 1, de 2 en 2 à partir de *n*** **Calcul mental : tables d'additions**			
CONNAÎTRE LES NOMBRES	**Module 1 :** désignations écrites et orales des nombres	ACTIVITÉS D'ACCOMPAGNEMENT * : **Comptines orales : de 10 en 10, de 100 en 100 à partir de 0, à partir de *n***			
		Le caissier 1 (le caissier donne)	p.322	p.31	p.41
	Module 3 : des nombres pour mesurer	**Le panneau**	p.401	p.31	p.47
		ACTIVITÉS D'ACCOMPAGNEMENT : **Tracer et mesurer**	p.420		

Avertissement

*** Activités d'accompagnement**
Un entraînement oral quotidien est nécessaire :
- dans le thème *Calculs additifs et soustractifs,* pour permettre au maître de savoir où en est chaque élève dans sa connaissance des comptines et à chaque élève de s'exercer à aller de plus en plus loin ;
- dans le thème *Connaître les nombres,* pour préparer à la situation « le caissier 1 ».

Problèmes

Le calendrier

Ermel pages 60 à 62

Nombre de séances : 3

Matériel :

- deux supports différents mais complémentaires pour cette activité : 1 énoncé, *Cahier de l'élève page 38* et 1 calendrier, fiche photocopiable 7, *Guide d'utilisation page 32 ;*
- différents types de calendriers.

Déroulement

• **1re séance** (35 min) - Première phase, *Ermel page 61.*
Effectuer l'exercice écrit, *Cahier de l'élève page 38,* à partir de la fiche photocopiable 7.

• **2e séance** (45 min) - Deuxième phase : étapes 1 et 2, *Ermel pages 61 et 62.*

• **3e séance** (30 min) - Deuxième phase : étape 3, *Ermel pages 62.*

Problèmes

Le catalogue

Ermel pages 62 à 64

Nombre de séances : 2

Matériel :

- 1 page de catalogue avec un énoncé à compléter, support de l'activité, *Cahier de l'élève page 39* ; la somme à dépenser est de 150 € mais elle peut être ajustée aux compétences des élèves ;
- des calculettes pour les élèves.

Déroulement

• **1re séance** (30 min) - Étapes 1 et 2, *Ermel page 63.*
La recherche de la commande s'effectue sur une feuille de brouillon qui sera ensuite agrafée dans le *Cahier de l'élève.*

• **2e séance** (45 min) - Étape 3, *Ermel pages 63 et 64.*

Calculs additifs et soustractifs

Calculs : le furet - la fusée - utilisation d'un catalogue de résultats - la boîte jaune

Ermel pages 200, 205, 216

1 Le furet *(Ermel page 200)*

Nombre de séances : 1

Déroulement

• **Séance** (5 min) - Voir le déroulement proposé par *Ermel page 200.* Il s'agit de s'entraîner au comptage de 10 en 10, à partir de *n.*

☞ Après une courte phase d'appropriation, cette activité orale fonctionne de manière rituelle.

2 La fusée *(Ermel page 200)*

Nombre de séances : 1

Déroulement

• **Séance** (5 min) - Voir le déroulement proposé par *Ermel page 200.* Il s'agit de s'entraîner au décomptage de 10 en 10, à partir de *n.*

3 Utilisation d'un catalogue de résultats : activité 2 *(Ermel pages 205 et 206)*

Nombre de séances : 1

Déroulement

• **Séance** (20 min) - Activité 2, *Ermel pages 205 et 206.*

4 La boîte jaune *(Ermel pages 216 et 217)*

Nombre de séances : 1

Déroulement

• **Séance** (30 min) - Voir le déroulement proposé par *Ermel pages 216 et 217*.

☞ En fin de quinzaine, proposer les exercices 1 à 5, *Cahier de l'élève page 40.*

Connaître les nombres

Le caissier 1 (le caissier donne)

Ermel pages 322 à 329

Nombre de séances : 7

Matériel :

- une règle du jeu, *Cahier de l'élève page 41 ;*
- des billets et des pièces de monnaie à manipuler, planche 3, *Cahier de l'élève ;*
- autre, voir *Ermel page 323.*

Pour réaliser le travail par groupes, il suffit de mettre en commun le matériel de 4 enfants. Ce matériel devra être conservé, il sera nécessaire en période 3 pour l'activité « Le caissier 2 ». Il sera aussi un soutien permanent ou ponctuel pour les élèves en difficulté, lors des étapes écrites ;

Déroulement

• **1re séance** (45 min) - Commencer par la lecture de la règle du jeu, consigne 1, *Cahier de l'élève page 41.*
Puis première phase : étapes 1 et 2, *Ermel pages 323 à 325.*

• **2e Séance** (10 min) - Première phase : étape 3, *Ermel page 325.*
Donner les exercices écrits 2 et 3, *Cahier de l'élève pages 41 et 42.*
Le rôle du caissier peut être confié à un élève capable de recourir aux pièces de 10 € pour satisfaire la demande ou à un élève plus performant ; Cependant, il peut aussi être intéressant de choisir, comme caissier, un élève ne recourant pas aux groupements par 10. Dans ce cas, la lourdeur de la tâche et l'interaction avec les autres joueurs peuvent l'aider à évoluer.
Lors des exercices écrits, certains élèves peuvent avoir recours aux pièces et billets disponibles, planche 3, *Cahier de l'élève.*

• **3e séance** (45 min) - Deuxième phase : étapes 1 et 2, *Ermel pages 325 et 326.*

• **4e séance** (15 min) - Deuxième phase : étape 3, *Ermel pages 326 et 327.* Donner les exercices écrits 4 et 5, *Cahier de l'élève page 42.*

• **5e séance** (45 min) - Troisième phase : étapes 1, 2 et 3, *Ermel pages 327 et 328.* Au cours de l'étape 3, donner l'exercice écrit 6, *Cahier de l'élève page 43.*

• **6e séance** (45 min) - Quatrième phase : étapes 1 et 2, *Ermel page 328.*
L'étape 1 n'est nécessaire que si certains élèves demandent plus de 9 pièces d'une même sorte. Selon le cas, passer à l'étape 2 en travaillant les exercices proposés sous forme d'exercices oraux collectifs, *Ermel page 328.* Puis donner les exercices écrits 7 et 8, *Cahier de l'élève page 44.*

• **7e séance** (45 min) - Cinquième phase : étapes 1 et 2, *Ermel pages 328 et 329.*
Au cours de l'étape 2 donner les exercices écrits 9 à 12, *Cahier de l'élève pages 45 et 46.*

☞ Moduler la distribution des exercices selon les capacités des élèves.

Connaître les nombres

Le panneau

Ermel pages 401 à 406

Nombre de séances : 3

Matériel : des bandes de couleur à préparer par le maître, voir *Ermel page 401.*

Déroulement

• **1re séance** (45 min) - Première phase, *Ermel pages 402 à 404.* Puis proposer l'exercice écrit 1, *Cahier de l'élève page 47.*

• **2e séance** (45 min) - Deuxième et troisième phases, *Ermel pages 405 et 406.*

☞ À l'issue de cette séance, les élèves doivent être capables de mesurer et de tracer des segments sans rencontrer de difficulté dans la manipulation de l'outil. Ils doivent également savoir expliquer les conditions d'une bonne utilisation de la règle graduée lorsqu'il y a report.

• **3e séance** (30 min) - Quatrième phase, *Ermel page 406.*
À la fin de la mise en commun, institutionnaliser : 1cm = 10 mm et 10 mm = 1 cm
Proposer les exercices 2 et 3, *Cahier de l'élève pages 48 et 49.*

☞ Par la suite, proposer d'autres activités de mesure pour renforcer l'idée de report.

Fiche 7

Le calendrier (Problèmes)

1995 JANVIER — 7 h 46 à 16 h 03

1	D	**JOUR de l'AN**
2	L	S. Basile
3	M	Se Geneviève
4	M	S. Odilon
5	J	S. Édouard
6	V	S. Mélaine
7	S	S. Raymond
8	D	**Épiphanie**
9	L	Se Alix
10	M	S. Guillaume
11	M	S. Paulin
12	J	Se Tatiana
13	V	Se Yvette
14	S	Se Nina
15	D	S. Remi
16	L	S. Marcel
17	M	Se Roseline
18	M	Se Prisca
19	J	S. Marius
20	V	S. Sébastien
21	S	Se Agnès
22	D	S. Vincent
23	L	S. Barnard
24	M	S. Fr. de Sales
25	M	*Conv. S. Paul*
26	J	Se Paule
27	V	Se Angèle
28	S	S. Th. d'Aquin
29	D	S. Gildas
30	L	Se Martine
31	M	Se Marcelle

FÉVRIER — 7 h 23 à 16 h 46

1	M	Se Ella
2	J	*Présentation*
3	V	S. Blaise
4	S	Se Véronique
5	D	Se Agathe
6	L	S. Gaston
7	M	Se Eugénie
8	M	Se Jacqueline
9	J	Se Apolline
10	V	S. Arnaud
11	S	*N.-D. Lourdes*
12	D	S. Félix
13	L	Se Béatrice
14	M	S. Valentin
15	M	S. Claude
16	J	Se Julienne
17	V	S. Alexis
18	S	Se Bernadette
19	D	S. Gabin
20	L	Se Aimée
21	M	S. P. Damien
22	M	Se Isabelle
23	J	S. Lazare
24	V	S. Modeste
25	S	S. Roméo
26	D	S. Nestor
27	L	Se Honorine
28	M	**Mardi-Gras**

Epacte 29 / Lettre dominic. A
Cycle solaire 16 / Nbre d'or 1
Indiction romaine 3

MARS — 6 h 35 à 17 h 32

1	M	**Cendres**
2	J	S. Charles le B.
3	V	S. Guénolé
4	S	S. Casimir
5	D	**Carême**
6	L	Se Colette
7	M	Se Félicité
8	M	S. Jean de D.
9	J	Se Françoise
10	V	S. Vivien
11	S	Se Rosine
12	D	Se Justine
13	L	S. Rodrigue
14	M	Se Mathilde
15	M	Se Louise
16	J	Se Bénédicte
17	V	S. Patrice
18	S	S. Cyrille
19	D	S. Joseph
20	L	S. Herbert
21	M	PRINTEMPS
22	M	Se Léa
23	J	S. Victorien
24	V	Se Cath. de Su.
25	S	**Annonciation**
26	D	Se Larissa
27	L	S. Habib
28	M	S. Gontran
29	M	Se Gwladys
30	J	S. Amédée
31	V	S. Benjamin

AVRIL — 5 h 31 à 18 h 19

1	S	S. Hugues
2	D	Se Sandrine
3	L	S. Richard
4	M	S. Isidore
5	M	Se Irène
6	J	S. Marcellin
7	V	S. J.-B. de la S.
8	S	Se Julie
9	D	**Rameaux**
10	L	S. Fulbert
11	M	S. Stanislas
12	M	S. Jules
13	J	Se Ida
14	V	S. Maxime
15	S	S. Paterne
16	D	**PAQUES**
17	L	S. Anicet
18	M	S. Parfait
19	M	Se Emma
20	J	Se Odette
21	V	S. Anselme
22	S	S. Alexandre
23	D	S. Georges
24	L	S. Fidèle
25	M	S. Marc
26	M	Se Alida
27	J	Se Zita
28	V	Se Valérie
29	S	Se Cath. de Si.
30	D	**Jour du Souvenir**

MAI — 4 h 33 à 19 h 04

1	L	**FÊTE du TRAVAIL**
2	M	S. Boris
3	M	SS. Phil., Jacq.
4	J	S. Sylvain
5	V	Se Judith
6	S	Se Prudence
7	D	Se Gisèle
8	L	**VICTOIRE 1945**
9	M	S. Pacôme
10	M	Se Solange
11	J	Se Estelle
12	V	S. Achille
13	S	Se Rolande
14	D	**F. Jeanne-d'Arc**
15	L	Se Denise
16	M	S. Honoré
17	M	S. Pascal
18	J	S. Éric
19	V	S. Yves
20	S	S. Bernardin
21	D	S. Constantin
22	L	S. Émile
23	M	S. Didier
24	M	S. Donatien
25	J	**ASCENSION**
26	V	S. Bérenger
27	S	S. Augustin
28	D	**Fête des Mères**
29	L	S. Aymar
30	M	S. Ferdinand
31	M	*Visitation*

JUIN 1995 — 3 h 54 à 19 h 44

1	J	S. Justin
2	V	Se Blandine
3	S	S. Kévin
4	D	**PENTECOTE**
5	L	S. Igor
6	M	S. Norbert
7	M	S. Gilbert
8	J	S. Médard
9	V	Se Diane
10	S	S. Landry
11	D	S. Barnabé
12	L	S. Guy
13	M	S. Antoine de P.
14	M	S. Élisée
15	J	Se Germaine
16	V	S. J.F. Régis
17	S	S. Hervé
18	D	**Fête Dieu**
19	L	S. Romuald
20	M	S. Silvère
21	M	ÉTÉ
22	J	S. Alban
23	V	Se Audrey
24	S	S. Jean-Bapt.
25	D	S. Prosper
26	L	S. Anthelme
27	M	S. Fernand
28	M	S. Irénée
29	J	SS. Pierre, Paul
30	V	S. Martial

CASLON - Paris (1) 45 42 13 20

1995 JUILLET — 3 h 53 à 19 h 56

1	S	S. Thierry
2	D	S. Martinien
3	L	S. Thomas
4	M	S. Florent
5	M	S. Antoine
6	J	Se Mariette
7	V	S. Raoul
8	S	S. Thibaut
9	D	Se Amandine
10	L	S. Ulrich
11	M	S. Benoît
12	M	S. Olivier
13	J	SS. Henri, Joël
14	V	**FÊTE NATIONALE**
15	S	S. Donald
16	D	*N.D.Mt-Carmel*
17	L	Se Charlotte
18	M	S. Frédéric
19	M	S. Arsène
20	J	Se Marina
21	V	S. Victor
22	S	Se Marie-Mad.
23	D	Se Brigitte
24	L	Se Christine
25	M	S. Jacques
26	M	SS. Anne, Joa.
27	J	Se Nathalie
28	V	S. Samson
29	S	Se Marthe
30	D	Se Juliette
31	L	S. Ignace de L.

AOUT — 4 h 25 à 19 h 28

1	M	S. Alphonse
2	M	S. Julien-Ey.
3	J	Se Lydie
4	V	S. J.M. Vianney
5	S	S. Abel
6	D	*Transfiguration*
7	L	S. Gaétan
8	M	S. Dominique
9	M	S. Amour
10	J	S. Laurent
11	V	Se Claire
12	S	Se Clarisse
13	D	S. Hippolyte
14	L	S. Évrard
15	M	**ASSOMPTION**
16	M	S. Armel
17	J	S. Hyacinthe
18	V	Se Hélène
19	S	S. Jean Eudes
20	D	S. Bernard
21	L	S. Christophe
22	M	S. Fabrice
23	M	Se Rose de L.
24	J	S. Barthélemy
25	V	S. Louis
26	S	Se Natacha
27	D	Se Monique
28	L	S. Augustin
29	M	Se Sabine
30	M	S. Fiacre
31	J	S. Aristide

SEPTEMBRE — 5 h 08 à 18 h 33

1	V	S. Gilles
2	S	Se Ingrid
3	D	S. Grégoire
4	L	Se Rosalie
5	M	Se Raïssa
6	M	S. Bertrand
7	J	Se Reine
8	V	*Nativité N.D.*
9	S	S. Alain
10	D	Se Inès
11	L	S. Adelphe
12	M	S. Apollinaire
13	M	S. Aimé
14	J	*La Se Croix*
15	V	S. Roland
16	S	Se Édith
17	D	S. Renaud
18	L	Se Nadège
19	M	Se Émilie
20	M	S. Davy
21	J	S. Matthieu
22	V	S. Maurice
23	S	AUTOMNE
24	D	Se Thècle
25	L	S. Hermann
26	M	SS. Côme, Dam.
27	M	S. Vinc. de Paul
28	J	S. Venceslas
29	V	S. Michel
30	S	S. Jérôme

OCTOBRE — 5 h 51 à 17 h 29

1	D	Se Th. de l'E.J.
2	L	S. Léger
3	M	S. Gérard
4	M	S. Fr. d'Assise
5	J	Se Fleur
6	V	S. Bruno
7	S	S. Serge
8	D	Se Pélagie
9	L	S. Denis
10	M	S. Ghislain
11	M	S. Firmin
12	J	S. Wilfried
13	V	S. Géraud
14	S	S. Juste
15	D	Se Th. d'Avila
16	L	Se Edwige
17	M	S. Baudouin
18	M	S. Luc
19	J	S. René
20	V	Se Adeline
21	S	Se Céline
22	D	Se Elodie
23	L	S. Jean de C.
24	M	S. Florentin
25	M	S. Crépin
26	J	S. Dimitri
27	V	Se Émeline
28	S	SS. Sim., Jude
29	D	S. Narcisse
30	L	Se Bienvenue
31	M	S. Quentin

NOVEMBRE — 6 h 38 à 16 h 30

1	M	**TOUSSAINT**
2	J	**Défunts**
3	V	S. Hubert
4	S	S. Charles
5	D	Se Sylvie
6	L	Se Bertille
7	M	Se Carine
8	M	S. Geoffroy
9	J	S. Théodore
10	V	S. Léon
11	S	**ARMISTICE 1918**
12	D	S. Christian
13	L	S. Brice
14	M	S. Sidoine
15	M	S. Albert
16	J	Se Marguerite
17	V	Se Élisabeth
18	S	Se Aude
19	D	S. Tanguy
20	L	S. Edmond
21	M	*Prés. Marie*
22	M	Se Cécile
23	J	S. Clément
24	V	Se Flora
25	S	Se Catherine L.
26	D	Se Delphine
27	L	S. Séverin
28	M	S. Jacq. de la M.
29	M	S. Saturnin
30	J	S. André

CASLON - Paris (1) 45 42 13 20

DÉCEMBRE 1995 — 7 h 24 à 15 h 55

1	V	Se Florence
2	S	Se Viviane
3	D	**Avent**
4	L	Se Barbara
5	M	S. Gérald
6	M	S. Nicolas
7	J	S. Ambroise
8	V	*Imm. Concept.*
9	S	S. P. Fourier
10	D	S. Romaric
11	L	S. Daniel
12	M	Se Jeanne F.C.
13	M	Se Lucie
14	J	Se Odile
15	V	Se Ninon
16	S	Se Alice
17	D	S. Gaël
18	L	S. Gatien
19	M	S. Urbain
20	M	S. Abraham
21	J	S. Pierre C.
22	V	HIVER
23	S	S. Armand
24	D	Se Adèle
25	L	**NOËL**
26	M	S. Étienne
27	M	S. Jean
28	J	*SS. Innocents*
29	V	S. David
30	S	S. Roger
31	D	S. Sylvestre

PÉRIODE 2 - QUINZAINE 2

P L A N N I N G

THÈME	MODULE	ACTIVITÉS	ERMEL	GUIDE	CAHIER ÉLÈVE
PROBLÈMES	**Module 2 :** sélection d'informations et compréhension d'énoncés	**Julie va au centre commercial** **Zoo 1**	p.64 p.66	p.34 p.34	p.50 p.51
CALCULS ADDITIFS ET SOUSTRACTIFS	**Module 1 :** problèmes additifs et soustractifs	**Le nombre pensé**	p.136	p.34	
	Module 2 : apprendre à calculer	**Les cartes recto-verso** (jeu 6)	p.173	p.34	
	- mémoriser et/ou reconstruire rapidement des résultats	**Le tournoi de calcul** (jeu 2)	p.176	p.35	
	- s'approprier des procédures de calcul réfléchi	**Utilisation de la calculette** (activités 1 à 3)	p.209	p.35	
CALCULS MULTIPLICATIFS ET DE DIVISION	**Module 1 :** problèmes multiplicatifs	**Le jeu des enveloppes**	p.266	p.35	p.52
		ACTIVITÉS D'ACCOMPAGNEMENT : **Comptines orales : 3 en 3, 4 en 4, 5 en 5**			
CONNAÎTRE LES NOMBRES	**Module 1 :** désignations écrites et orales des nombres	**Les fourmillions**	p.329	p.35	p.53
		ACTIVITÉS D'ACCOMPAGNEMENT : **Comptines orales : 10 en 10, 100 en 100** **Activités avec matériel personnel***			
	Module 3 : des nombres pour mesurer	**Le serpent**	p.407	p.36	p.57
		ACTIVITÉS D'ACCOMPAGNEMENT : **Les mesures**	p.420	p.36	

Avertissement

* Le matériel personnel est un matériel de numération constitué de plaques de 100 points, de barres de 10 points et de points isolés. Il est disponible dans le *Cahier de l'élève* (planche 2). Il sera rangé dans une enveloppe et permettra de travailler les différentes écritures des nombres.
Ce matériel doit rester à la disposition des élèves en difficulté.
Pour réaliser les activités, il faut mettre en commun le matériel de deux élèves.

Problèmes

Julie va au centre commercial

Ermel pages 64 à 66

Nombre de séances : 2 (à mener pendant 2 jours consécutifs)

Matériel :

- énoncé, support de l'activité, *Cahier de l'élève page 50;*
- des calculettes disponibles pour les élèves.

Déroulement

• **1re séance** (45 min) - Première phase : *Ermel pages 64 et 65.* Commencer par la lecture de l'énoncé, *Cahier de l'élève page 50.*

• **2e séance** (45 min) - Deuxième phase, *Ermel pages 65 et 66.*

☞ À cette période de l'année, peu d'élèves sont capables de le résoudre seuls ce problème. Mais la résolution peut être envisagée par petits groupes ou collectivement afin de ne pas laisser la question « Julie a-t-elle assez d'argent pour acheter le pull? » sans réponse. Écrire la résolution de cette question dans le *Cahier de l'élève.*

Problèmes

Zoo 1

Ermel pages 66 et 67

Nombre de séances : 2 (à mener pendant deux jours consécutifs)

Matériel :

- énoncé, support de l'activité, *Cahier de l'élève page 51;*
- des calculettes disponibles pour les élèves.

Déroulement

• **1re séance** (45 min) - Étapes 1 et 2, *Ermel page 65.* Commencer par la lecture de l'énoncé *Cahier de l'élève pages 66 et 67.*

• **2e séance** (45 min) - Étape 3, *Ermel page 67.* Compléter le tableau, *Cahier de l'élève page 51.*

☞ Il est intéressant de relever le nombre d'enfants capables de classer correctement les 3 types de questions.
Si l'ensemble est satisfaisant, proposer aux élèves de chercher directement les réponses aux questions nécessitant un calcul. Sinon, proposer une autre série de questions à classer avant de chercher les réponses aux questions nécessitant un calcul.

Calculs additifs et soustractifs

Le nombre pensé

Ermel page 136

Nombre de séances : 1

Déroulement

• **Séance** (20 min) - Voir *Ermel page 136.* Travailler avec ou sans calculette.

Calculs additifs et soustractifs

Les cartes recto-verso (jeu 6)

Ermel page 173

Nombre de séances : 1

Matériel : cartes à fabriquer par le maître, voir *Ermel page 173.*

Jeu 6 :
- ajouter un nombre inférieur à 10 à un multiple de 10;
- retrancher un nombre inférieur à 10 d'un multiple de 10.

Déroulement

• **Séance** - Appropriation de la règle du jeu, *Ermel page 170.*

☞ Par la suite, ce jour pourra fonctionner de façon autonome :
- au cours des activités rituelles;
- en libre-service dans la journée.

Calculs additifs et soustractifs

Le tournoi de calcul (jeu 2)

Ermel page 176

Nombre de séances : 1

Matériel :

- des cartes à préparer par le maître, voir *Ermel pages 175 et 176.*

Jeu 2 :
- ajouter un nombre inférieur à 10 à un multiple de 10;
- retrancher un nombre inférieur à 10 d'un multiple de 10.

Déroulement

• **Séance** - Reprendre le déroulement du jeu 1 du tournoi de calcul, *Guide d'utilisation page 17.*

Calculs additifs et soustractifs

Utilisation de la calculette (activités 1 à 3)

Ermel pages 209 à 212

Nombre de séances : 3

Matériel : des calculettes pour les élèves, à prévoir.

Déroulement

• **1re séance** (20 min) - Activité 1 : changer un seul chiffre d'un nombre, *Ermel page 209.*

• **2e séance** (20 min) - Activité 2 : compter et décompter de 10 en 10, *Ermel pages 209 et 210.*

• **3e séance** (20 min) - Activité 3, aller d'un nombre à un autre en modifiant un seul chiffre à la fois, *Ermel pages 210 à 212.*

☞ Ne pas oublier d'inviter les élèves à noter les différentes opérations effectuées avec la calculette afin d'en garder la trace pour :
- se relire en cas d'erreur;
- communiquer sa démarche aux autres élèves.

Pour le maître, la trace écrite permet une analyse plus facile des erreurs, d'où une remédiation individualisée.

Calculs multiplicatifs et de division

Le jeu des enveloppes

Ermel pages 266 à 270

Nombre de séances : 2

Matériel : des enveloppes, des jetons et des cartes, voir *Ermel page 266* et consulter la règle du jeu, *Ermel page 267.*

Déroulement

• **1re séance** (45 min) - Première phase, *Ermel pages 267 à 269.* Le maître donne la règle du jeu, *Ermel page 267.*
Donner l'exercice écrit 1, *Cahier de l'élève page 52.*
Le maître pourra relever les procédures archaïques :
- dessin;
- écritures incorrectes (4 + 3 pour 4 + 4 + 4 ou 3 + 3 + 3 + 3).

Lors de la mise en commun, le maître aidera les élèves ayant commis ce type d'erreurs à passer à l'addition réitérée.
Le matériel (enveloppes et jetons) doit rester à la disposition de l'élève pour une meilleure compréhension.

• **2e séance** (45 min) - Deuxième phase, *Ermel pages 269 et 270.*
Proposer l'exercice écrit 2, *Cahier de l'élève page 52.*

Connaître les nombres

Les fourmillions

Ermel pages 329 à 336

Nombre de séances : 5

Matériel :

- une collection de petits objets à dénombrer (bouchons, capsules, pois, cubes, allumettes, etc.), voir *Ermel page 329;*
- un matériel personnel de numération, planche 2, *Cahier de l'élève;* il convient de mettre en commun le matériel de 2 élèves pour réaliser les activités;
- un exercice supplémentaire, fiche photocopiable 8, *Guide d'utilisation page 37;*
- des timbres à découper, fiche photocopiable 9, *Guide d'utilisation page 38.*

Déroulement

• **1re séance** (45 min) - Première phase : étapes 1 à 5, *Ermel pages 330 et 331.*

☞ À la fin de cette première phase, les élèves doivent être capables d'écrire la quantité d'objets après groupements.
Pour les élèves en difficulté (pas de passage aux groupements par 100; difficulté à écrire le nombre de chaque groupement) :
- prévoir des manipulations supplémentaires avec des quantités d'objets inférieures à la collection de départ (choisir un nombre entre 300 et 400);
- assurer également un entraînement aux comptines orales de 10 en 10, de 100 en 100, en changeant d'opérateurs : +10; +100; +1.
Pendant ce temps, le reste de la classe pourra effectuer des exercices en travail autonome en utilisant la fiche photocopiable 8, *Guide d'utilisation page 37.*

• **2e séance** (45 min) - Deuxième phase : étapes 2 et 3, *Ermel page 332.*
Après la première phase, les élèves ont besoin de stabiliser leurs connaissances à propos de l'écriture et des écritures possibles du nombre d'objets d'une collection.
Proposer l'exercice écrit 1, *Cahier de l'élève page 53.*
Le matériel du fourmillion (collection d'objets) doit rester à la disposition des élèves.

• **3e séance** (30 min) - Deuxième phase : étape 1, *Ermel pages 331 et 332.*
À la fin de cette étape, utiliser le matériel de numération, planche 2, *Cahier de l'élève.*
Sur l'utilisation de ce matériel, voir *Ermel page 368.* Proposer les exercices écrits 2 à 4, *Cahier de l'élève pages 53 et 54.*

☞ Pour les exercices 2 et 3, la recherche s'effectue sur une feuille de brouillon qui sera agrafée dans le *Cahier de l'élève.* Pour l'exercice 3, les nombres sont à compléter en fonction des compétences des élèves.
Aux élèves performants, on proposera les données suivantes :
- Marc a : 8 boîtes de 100 pièces; 6 pièces; 3 boîtes de 1 000 pièces; 8 boîtes de 10 pièces.
- Sa cousine lui donne : 2 boîtes de 1 000 pièces;
4 boîtes de 10 pièces; 5 pièces; 4 boîtes de 100 pièces.
Aux élèves en difficulté, on proposera les données suivantes :
- Marc a : 2 boîtes de 100 pièces; 3 pièces; 3 boîtes de 1 000 pièces; 4 boîtes de 10 pièces.
- Sa cousine lui donne : 3 boîtes de 1 000 pièces; 3 boîtes de 10 pièces; 2 pièces; 3 boîtes de 100 pièces.

• **4e séance** (20 min) - Deuxième phase : étape 4, *Ermel page 333.*

• **5e séance** (20 min) - Deuxième phase : étape 5, *Ermel page 333.* Au cours de cette étape, donner les exercices écrits 5 à 6, *Cahier de l'élève pages 55 et 56.* Distribuer la fiche photocopiable 9, *Guide d'utilisation page 38,* pour réaliser le travail proposé dans l'exercice 5. Puis consulter *Ermel page 335* pour analyser les erreurs.

Connaître les nombres

Le serpent

Ermel pages 407 à 410

Nombre de séances : 2
Matériel :
- 1 serpent à mesurer, support de l'activité, *Cahier de l'élève page 57;*
- des feuilles blanches de papier A4 ou A3, par élève, sont à prévoir.

Déroulement

• **1re séance** (40 min) - Première phase, *Ermel pages 408 et 409.* Partir de l'exercice proposé dans le *Cahier de l'élève page 57.*

• **2e séance** (30 min) - Deuxième phase, *Ermel pages 409 et 410.*
Fournir aux élèves autant de feuilles de papier A3 ou A4 pour tracer le serpent demandé. Plusieurs essais sont permis.

☞ Poursuivre par des activités d'accompagnement :
- Tracer et mesurer, *Ermel page 420.*
- Calculer sur les mesures de longueurs : activités 1 et 2, *Ermel page 420.*

Les fourmillions *(Connaître les nombres)*

1. Pierre a rangé ses billes dans des boîtes. Aide-le à compter combien il en a :

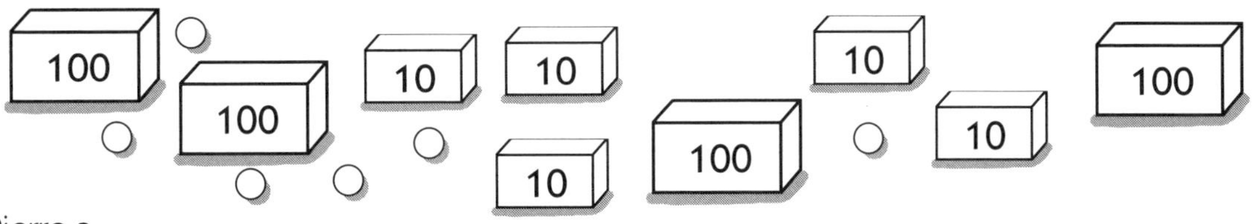

Pierre a : ....

2. Céline a acheté des perles. Combien en a-t-elle ?

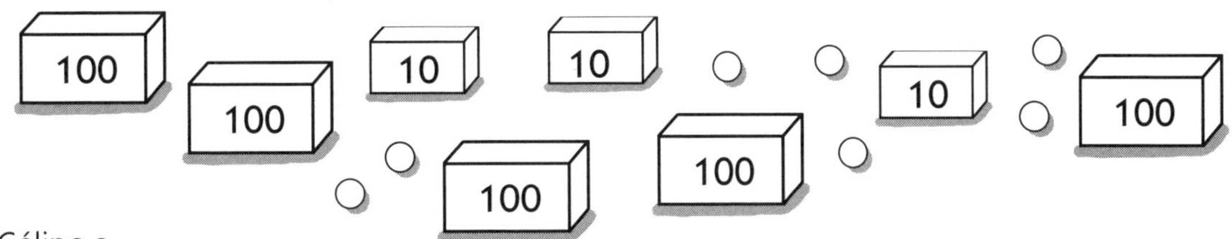

Céline a : ....

3. Maman remplit les bocaux de bonbons. Compte les bonbons.

Elle a : ....

4. Papa range des clous dans les boîtes. Combien a-t-il de clous ?

Il a : ....

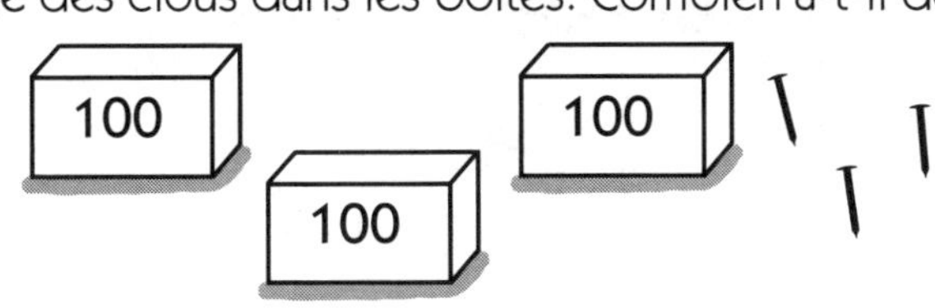

5. Marc range ses crayons de couleurs par pochette de 10.

Combien a-t-il de crayons en tout ? ....

Fiche 9

Les fourmillions *(Connaître les nombres)*

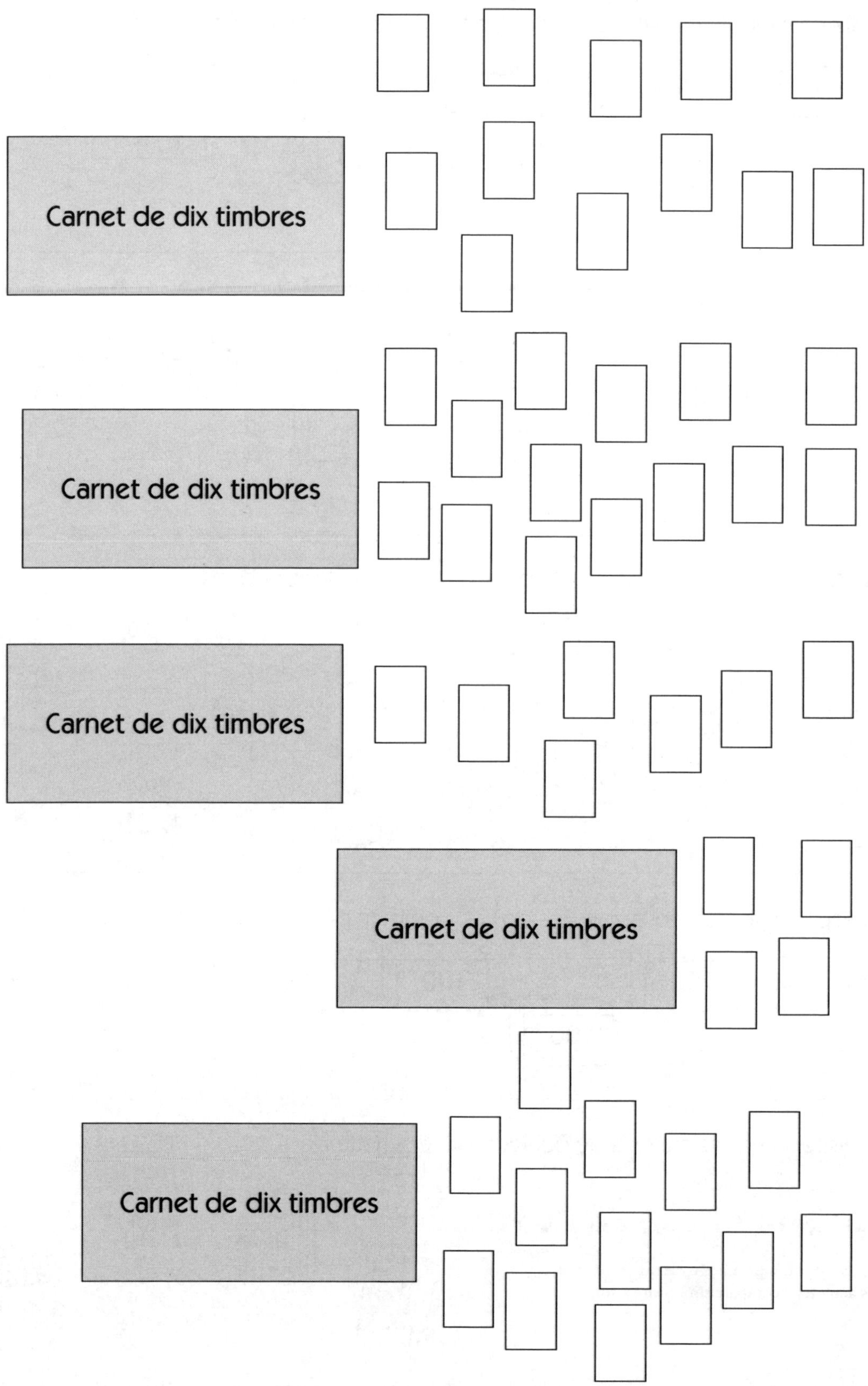

PÉRIODE 2 - QUINZAINE 3

P L A N N I N G

THÈME	MODULE	ACTIVITÉS	ERMEL	GUIDE	CAHIER ÉLÈVE
PROBLÈMES	**Module 2 :** sélection d'informations et compréhension d'énoncés	**La bataille navale**	p.68	p.40	p.58
CALCULS ADDITIFS ET SOUSTRACTIFS	**Module 1 :** problèmes additifs et soustractifs	**Les gommettes** [1]	p.139	p.40	
	Module 2 : apprendre à calculer	**Le loto** (jeu 3)	p.181	p.40	
	- mémoriser et/ou reconstruire rapidement des résultats	**Les jeux de mariage** (jeux 1 et 2)	p.197	p.40	
	- réinvestir ces compétences	**La règle pensée**	p.217	p.40	
		Les suites de nombres	p.218	p.41	p.59
	- utiliser des outils de calcul	**L'addition à trous**	p.229	p.41	p.60
CALCULS MULTIPLICATIFS ET DE DIVISION	**Module 2 :** apprendre à calculer	**Le jeu de Yam**	p.287	p.41	p.61
		ACTIVITÉS D'ACCOMPAGNEMENT : **Comptines orales : de 2 en 2, de 3 en 3... de 6 en 6**			
CONNAÎTRE LES NOMBRES	**Module 1 :** désignations écrites et orales des nombres	**Les mots-nombres** (activité 1)	p.336	p.41	p.63
	Module 2 : structurer la suite des nombres	**Comparaison, ordre**	p.383	p.42	p.65
		ACTIVITÉS D'ACCOMPAGNEMENT [2] : **Comparaison, ordre sur les nombres**	p.383		
		Le nombre secret	p.385	p.42	p.67
BILAN 2, voir *Guide d'utilisation page 42.*					

Avertissement

1. « Les gommettes » *(Calculs additifs et soustractifs)*
Cette activité est à proposer aux élèves en difficulté, notamment à ceux qui ne sont pas capables, à cette période, de résoudre seuls des problèmes additifs et/ou soustractifs en ayant recours à des procédures de calculs personnelles.

2. Activités d'accompagnement *(Connaître les nombres)*
Les activités « comparaison, ordre » sont indispensables avant d'aborder l'activité « le nombre secret ».

Problèmes

La bataille navale

Ermel pages 68 à 71

Nombre de séances : 3

Matériel :

- des grilles vierges, fiche photocopiable 10, *Guide d'utilisation page 43;*
- autre, voir *Ermel page 68.*

Déroulement

• **1re séance** (45 min) - Première phase, *Ermel pages 68 et 69.*

• **2e séance** (45 min) - Deuxième phase, *Ermel pages 70 et 71.*

• **3e séance** (30 min) - Donner les exercices écrits 1 à 4, *Cahier de l'élève page 58.*

Calculs additifs et soustractifs

Les gommettes

Ermel pages 139 à 144

Nombre de séances : 2

Matériel : des affiches et des gommettes à prévoir, voir *Ermel page 139.*

Déroulement

• **1re séance** (45 min) - Activité 1, *Ermel pages 140 à 143.*

• **2e séance** (45 min) - Activité 2, *Ermel pages 143 et 144.*

Calculs additifs et soustractifs

Le loto
(jeu 3)

Ermel pages 181 et 182

Nombre de séances : 1

Matériel : des cartes à préparer par le maître, voir *Ermel page 181.*

Jeu 3 :
- ajouter un nombre inférieur à 10 à un multiple de 10;
- retrancher un nombre inférieur à 10 d'un multiple de 10.

Déroulement

• **Séance** - Appropriation de la règle du jeu. Le déroulement est identique à celui du jeu 1 de loto, voir *Guide d'utilisation page 17.*

Calculs additifs et soustractifs

Les jeux de mariage
(jeux 1 et 2)

Ermel pages 197 à 199

Nombre de séances : 1 (par jeu)

Matériel : des cartes à préparer par le maître, voir *Ermel page 197.*

Jeu 1 : mémoriser les décompositions de 20.
Jeu 2 : effectuer le passage à la dizaine supérieure ou inférieure.

Déroulement

• **Séance** (20 min) - Appropriation de la règle du jeu. Reprendre le déroulement proposé par *Ermel page 198.*

☞ Par la suite, ces jeux pourront fonctionner :
- au cours des activités rituelles;
- en libre-service dans la journée.

Calculs additifs et soustractifs

La règle pensée
Les suites de nombres

Ermel pages 217 et 218

1 La règle pensée (*Ermel page 217*)

Nombre de séances : 1

Déroulement

• **Séance** (10 min) - Voir le déroulement proposé par *Ermel page 217.*

2 Les suites de nombres (*Ermel page 218*)

Nombre de séances : 1

Déroulement

• **Séance** (20 min) - Voir le déroulement proposé par *Ermel page 218.*
Proposer les exercices 1 et 2, *Cahier de l'élève page 59.*

Calculs additifs et soustractifs

L'addition à trous

Ermel page 229

Nombre de séances : 3

Déroulement

• **1re séance** (20 min) - Travail collectif : voir *Ermel page 229.*

• **2e séance** (20 min) - Travail individuel : donner l'exercice écrit 1, *Cahier de l'élève page 60.*

• **3e séance** (20 min) - Travail individuel : donner l'exercice 2, *Cahier de l'élève page 60.*

Calculs multiplicatifs et de division

Le jeu de Yam

Ermel pages 287 à 289

Nombre de séances : 2
Matériel :
- 1 règle du jeu et 1 tableau, *Cahier de l'élève page 61 ;*
- autre, voir *Ermel page 287.*

Déroulement

• **1re séance** (45 min) - Première phase, *Ermel page 288.* Commencer par la lecture de la règle du jeu, consigne 1a, *Cahier de l'élève page 61.*

☞ Reprendre cette activité plusieurs fois dans la semaine.

• **2e séance** (30 min) - Deuxième phase, *Ermel page 289.*

☞ Quelques jours plus tard, proposer les exercices écrits 2 et 3, *Cahier de l'élève page 62.* Dans l'exercice 3, compléter certaines données du tableau pour les élèves en difficulté. Par exemple, préciser « 5 dés de 2 ».

Connaître les nombres

Les mots-nombres (activité 1)

Ermel pages 336 à 340

Nombres de séances : 5
Matériel :
- des étiquettes mots-nombres et des cartes-nombres en chiffres, à préparer par le maître ;
- des étiquettes mots-nombres, fiche photocopiable 11, *Guide d'utilisation page 44 ;* ces étiquettes sont à utiliser pour la deuxième phase et à conserver pour les activités suivantes ;
- des mots-nombres avec leurs écritures chiffrées, fiche photocopiable 12, *Guide d'utilisation page 45 ;* ces mots-nombres pourront être collés dans le « cahier-mémoire » ;
- autre, voir *Ermel page 337.*

Déroulement

• **1re séance** (30 min) - Activité 1 : première phase, *Ermel page 338.* Travail à réaliser à partir de l'exercice écrit 1, *Cahier de l'élève page 63.*
• **2e séance** (30 min) - Activité 1 : deuxième phase, *Ermel pages 338 et 339.*

• **3e séance** (30 min) - Activité 1 : troisième phase, *Ermel pages 339 et 340.*

• **4e séance** (30 min) - Activité 1 : quatrième phase, *Ermel page 340.*

• **5e séance** (30 min) - Au cours de cette séance prévue quelques jours plus tard, proposer les exercices écrits 2 à 5, *Cahier de l'élève page 64.*

☞ À l'issue de cette 5e séance, coller la fiche photocopiable 12, *Guide d'utilisation page 45,* dans le « cahier mémoire ». Les élèves devront mémoriser l'écriture de tous les mots-nombres.

Connaître les nombres

Comparaison, ordre

Ermel pages 383 à 385

Nombre de séances : 5

Déroulement

- **1re séance** (15 min) - Donner le premier des exercices individuels et le premier des exercices collectifs proposés dans *Ermel pages 383 et 385.*
- **2e séance** (15 min) - Donner les deuxièmes exercices individuels et collectifs proposés dans *Ermel pages 383 et 385.*
- **3e séance** (15 min) - Donner les troisièmes exercices individuels et collectifs proposés dans *Ermel pages 383 et 385.*
- **4e séance** (15 min) - Donner les quatrième et cinquième exercices individuels proposés dans *Ermel page 384.*
- **5e séance** (15 min) - Donner le dernier exercice individuel proposé dans *Ermel page 384.*

☞ En fin de quinzaine, proposer les exercices écrits 1 à 9, *Cahier de l'élève pages 65 et 66,* afin d'évaluer les connaissances des élèves.

Connaître les nombres

Le nombre secret

Ermel pages 385 à 390

Nombre de séances : 6

Déroulement

- **1re séance** (20 min) - Première phase, *Ermel pages 387 et 388.*
- **2e séance** (20 min) - Deuxième phase, *Ermel pages 388 et 389.*
- **3e séance** (20 min) - Troisième phase, *Ermel page 389.*
- **4e séance** (20 min) - Quatrième phase, *Ermel page 389 et 390.*
Ce travail est un travail collectif à effectuer au tableau et sur le cahier de brouillon. Il s'agit de proposer des exercices du type des exercices a) et b) proposés dans *Ermel page 389.*
- **5e séance** (20 min) - Travail individuel : donner les exercices écrits 1 et 2, *Cahier de l'élève page 67.*
- **6e séance** (20 min) - Cinquième phase, *Ermel page 390.* Donner les exercices écrits 3 et 4, *Cahier de l'élève page 67.*

Bilan 2

À la fin de la période, proposer le bilan 2, *Cahier de l'élève page 68.*

La bataille navale *(Problèmes)*

	1	2	3	4	5
a					
b					
c					

	1	2	3	4	5
a					
b					
c					

	1	2	3	4	5
a					
b					
c					

	1	2	3	4	5
a					
b					
c					

	1	2	3	4	5
a					
b					
c					

	1	2	3	4	5
a					
b					
c					

	1	2	3	4	5
a					
b					
c					

	1	2	3	4	5
a					
b					
c					

Fiche 11

Les mots-nombres *(Connaître les nombres)*

Jeu d'étiquettes pour écrire des nombres jusqu'à 99

un	deux	trois	quatre	et
cinq	six	sept	huit	-
neuf	dix	onze	douze	-
treize	quatorze	quinze		
seize	vingt	vingts	et	-
trente	quarante	cinquante		
soixante	zéro			

Étiquettes complémentaires pour écrire les nombres jusqu'à 999 999

cent	cents	mille

Fiche 12

Les mots-nombres *(Connaître les nombres)*

Tu dois savoir écrire les mots-nombres par cœur.

1	un
2	deux
3	trois
4	quatre
5	cinq
6	six
7	sept
8	huit
9	neuf

11	onze	14	quatorze
12	douze	15	quinze
13	treize	16	seize

10	dix
20	vingt
30	trente
40	quarante
50	cinquante
60	soixante
100	cent

	cents	*Exemple :* cinq cents
1000	mille	-
0	zéro	et
	vingts	*Exemple :* quatre-vingts

PÉRIODE 3 - QUINZAINE 1

P L A N N I N G

THÈME	MODULE	ACTIVITÉS	ERMEL	GUIDE	CAHIER ÉLÈVE
PROBLÈMES	**Module 2 :** sélection d'informations et compréhension d'énoncés	**Le portrait**	p.72	p.48	p.72
	Module 3 : développement de stratégies de recherche	**Les partages** (activité 1)	p.86	p.48	p.73
CALCULS ADDITIFS ET SOUSTRACTIFS	**Module 1 :** problèmes additifs et soustractifs	**Déplacements sur piste graduée** (activités 1,2 et 3)	p.145	p.48	p.74
	Module 2 : apprendre à calculer - mémoriser et/ou reconstruire rapidement des résultats	**Les cartes recto-verso**[1] (jeu 7)	p.179	p.48	p.75
	- s'approprier des procédures de calcul réfléchi	**Utilisation d'un catalogue de résultats**[1] (activité 3)	p.205	p.49	p.75
CALCULS MULTIPLICATIFS ET DE DIVISION	**Module 1 :** problèmes multiplicatifs	**Construction de répertoires multiplicatifs**	p.270	p.49	p.76
CONNAÎTRE LES NOMBRES	**Module 1 :** désignations écrites et orales des nombres	**Le trésor**	p.343	p.49	
		ACTIVITÉS D'ACCOMPAGNEMENT[2] **:** **Le trésor**[2] (2e phase)			
	Module 2 : structurer la suite des nombres	**Le loto des doubles**	p.390	p.49	

Avertissement

1. Jeux (Calculs additifs et soustractifs)
Après la séance d'appropriation de la règle des jeux de cartes recto-verso, et de l'utilisation d'un catalogue de résultats, les jeux fonctionneront en activités rituelles.

2. « Le trésor » (Connaître les nombres)
Au cours de cette quinzaine, l'activité « le trésor » deviendra une activité rituelle.

Problèmes

Le portrait

Ermel pages 72 à 76

Nombre de séances : 2

Déroulement

• **1re séance** (30 min) - Première phase, *Ermel pages 73 et 74.*
Proposer l'exercice écrit 1, *Cahier de l'élève page 72.*

• **2e séance** (30 min) - Deuxième phase, *Ermel pages 74 à 76.*
Proposer l'exercice écrit 2, *Cahier de l'élève page 72.*

Problèmes

Les partages (activité 1)

Ermel pages 88 à 92

Nombre de séances : 2

Matériel :
- énoncé, support de l'activité, *Cahier de l'élève page 73 ;* l'énoncé est à compléter en fonction des possibilités des élèves ; sur le choix des nombres, voir *Ermel page 90;*
- des jetons et des cubes à utiliser par les élèves en difficulté seulement.

Déroulement

• **1re séance** (45 min) - Activité 1 : étapes 1, 2 et 3, *Ermel pages 89 et 90.*
Commencer par la lecture de l'énoncé, *Cahier de l'élève page 73.*

• **2e séance** (45 min) - Activité 1 : étape 4, *Ermel pages 90 et 91.*

Calculs additifs et soustractifs

Déplacements sur piste graduée

Ermel pages 145 à 150

Nombre de séances : 3

Matériel :
- voir *Ermel page 145;*
- des feuilles de route et des pistes graduées, fiches photocopiables 13 et 14, *Guide d'utilisation pages 50 et 51.*

Déroulement

• **1re séance** (40 min) - Activité 1, *Ermel pages 145 à 148.* Utiliser les fiches photocopiables 13 et 14, *Guide d'utilisation pages 50 et 51.*

• **2e séance** (40 min) - Activité 2, *Ermel page 148.*

• **3e séance** (40 min) - Activité 3, *Ermel pages 148 à 149.*
Proposer les exercices écrits 1 à 4, *Cahier de l'élève page 74.*

Calculs additifs et soustractifs

Calculs : les cartes recto-verso - utilisation d'un catalogue de résultats

Ermel pages 173 - 206

1 Les cartes recto-verso : jeu 7

(Ermel, page 173)

Nombre de séances : 1

Matériel : des cartes à fabriquer par le maître, voir *Ermel page 170.*

Jeu 7 :
- ajouter 10 à un nombre de 2 ou 3 chiffres;
- retrancher 10 d'un tel nombre.

Déroulement

• **Séance** (20 min) - Appropriation de la règle.

2 Utilisation d'un catalogue de résultats : activité 3 *(Ermel page 206*

Nombre de séances : 1

Matériel : des catalogues de résultats à construire par le maître, voir *Ermel page 206.*

Déroulement

• **Séance** (20 min) - Activité 3 : construire des résultats des 3 répertoires élargis aux multiples de 10, *Ermel page 206.*
Voir le déroulement proposé par *Ermel pages 204 et 205.*

☞ Au cours de la quinzaine, proposer les exercices écrits 1 à 4, *Cahier de l'élève page 75.*

Calculs multiplicatifs et de division

Construction de répertoires multiplicatifs

Ermel pages 270 à 275

Nombre de séances : 4

Matériel :
- voir *Ermel pages 270 et 271;*
- des répertoires multiplicatifs, fiche photocopiable 15A, *Guide d'utilisation page 52.*

Déroulement

• **1re séance** (45 min) - Activité 1, *Ermel pages 270 et 272.*

• **2e séance** (45 min) - Activité 2, *Ermel pages 272 et 273.*
Proposer les exercices écrits 1 et 2, *Cahier de l'élève page 76.*

• **3e séance** (45 min) - Activité 3, *Ermel pages 274 et 275.*

• **4e séance** (45 min) - Activité 4, *Ermel page 275.*
Proposer les exercices écrits 3 à 5, *Cahier de l'élève pages 76 et 77.*

☞ À l'issue de ces 4 séances, les tables de multiplication 3, 4 et 5, fiche photocopiable 15A, *Guide d'utilisation page 52,* seront collées dans le « cahier-mémoire ».

Connaître les nombres

Le trésor

Ermel page 343 à 346

Nombre de séances : 2

Matériel : voir *Ermel page 344.*

Déroulement

• **1re séance** (45 min) - Première phase, *Ermel pages 344 et 345.*

☞ La deuxième phase est constituée d'activités rituelles à mener plusieurs jours de suite, voir *Ermel page 345.*

• **2e séance** (40 min) - Troisième phase, *Ermel page 346.*

Connaître les nombres

Le loto des doubles

Ermel pages 390 à 393

Nombre de séances : 2

Matériel :
- voir *Ermel page 391;*
- des grilles à préparer par le maître, voir *Ermel pages 391 à 392;*
- un répertoire des doubles, fiche photocopiable 15 B, *Guide d'utilisation page 52.*

Déroulement

• **1re séance** (20 min) - Première phase, *Ermel pages 391 et 392.*

• **2e séance** (20 min) - Deuxième phase, *Ermel page 392.*

☞ À l'issue de ces 2 séances, les élèves doivent mémoriser les tables des doubles de 0 à 20 et quelques résultats remarquables.
On ajoutera le répertoire des doubles, fiche photocopiable 15 B, *Guide d'utilisation page 52,* dans le « cahier-mémoire ».

Fiche 13

Déplacements sur piste graduée *(Calculs additifs et soustractifs)*

Feuille de route

	1er joueur :..................	2e joueur :..................
1er coup		
2e coup		
3e coup		
4e coup		
5e coup		

Feuille de route

	1er joueur :..................	2e joueur :..................
1er coup		
2e coup		
3e coup		
4e coup		
5e coup		

Fiche 14

Déplacements sur piste graduée *(Calculs additifs et soustractifs)*

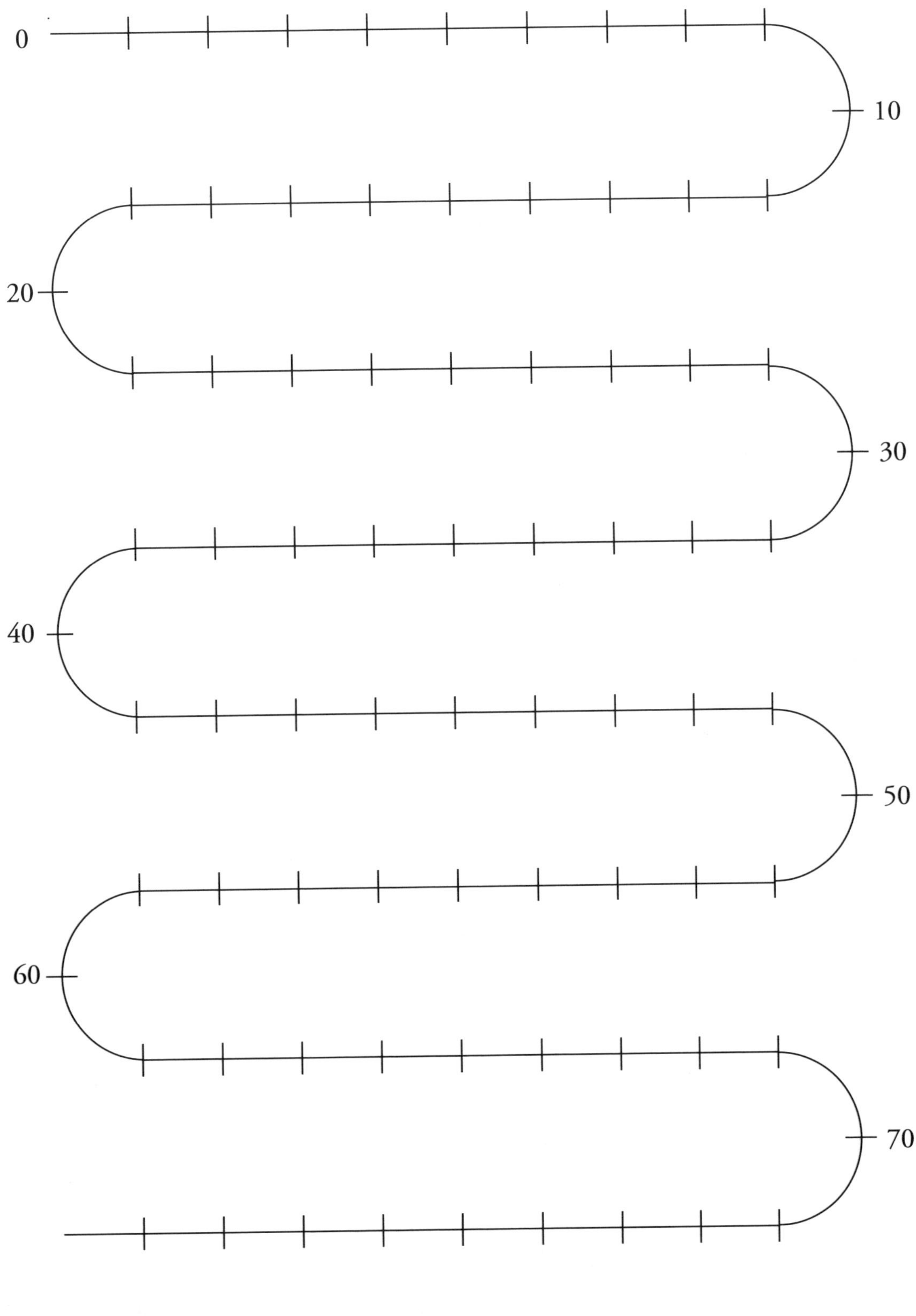

Fiche 15

A - Les répertoires multiplicatifs *(Calculs multiplicatifs et de division)*

0 x 3 = 0	0 x 4 = 0	0 x 5 = 0
1 x 3 = 3	1 x 4 = 4	1 x 5 = 5
2 x 3 = 6	2 x 4 = 8	2 x 5 = 10
3 x 3 = 9	3 x 4 = 12	3 x 5 = 15
4 x 3 = 12	4 x 4 = 16	4 x 5 = 20
5 x 3 = 15	5 x 4 = 20	5 x 5 = 25
6 x 3 = 18	6 x 4 = 24	6 x 5 = 30
7 x 3 = 21	7 x 4 = 28	7 x 5 = 35
8 x 3 = 24	8 x 4 = 32	8 x 5 = 40
9 x 3 = 27	9 x 4 = 36	9 x 5 = 45
10 x 3 = 30	10 x 4 = 40	10 x 5 = 50

B - Les répertoires des doubles *(Connaître les nombres)*

11 + 11 = 22	16 + 16 = 32	25 + 25 = 50
12 + 12 = 24	17 + 17 = 34	26 + 26 = 52
13 + 13 = 26	18 + 18 = 36	27 + 27 = 54
14 + 14 = 28	19 + 19 = 38	28 + 28 = 56
15 + 15 = 30	20 + 20 = 40	29 + 29 = 58

D'autres doubles à savoir :

35 + 35 = 70
50 + 50 = 100
75 + 75 = 150
100 + 100 = 200

Écris d'autres doubles :

....

....

....

....

....

PÉRIODE 3 - QUINZAINE 2

P L A N N I N G

THÈME	MODULE	ACTIVITÉS	ERMEL	GUIDE	CAHIER ÉLÈVE
PROBLÈMES	**Module 3 :** développement de stratégies de recherche	**Les partages** (activité 2)	p.88	p.54	p.78
		Le rugby	p.92	p.54	p.79
		Les œufs[1]	p.93	p.54	p.80
CALCULS ADDITIFS ET SOUSTRACTIFS	**Module 1 :** problèmes additifs et soustractifs	**Déplacements sur piste graduée** (activité 4)	p.149	p.54	p.81
		ACTIVITÉS D'ACCOMPAGNEMENT[2] **:**			
	Module 2 : apprendre à calculer	**Le tournoi de calcul** (jeu 3)	p.176	p.55	p.82
	- mémoriser et/ou reconstruire rapidement des résultats	**Le loto** (jeu 4)	p.182	p.55	p.82
	- s'approprier des procédures de calcul réfléchi	**Utilisation de la calculette** (activités 4 à 7)	p.212	p.55	
	- réinvestir ces compétences	**Les envahisseurs**	p.218	p.55	p.83
	- utiliser différents outils de calcul	**La droite numérique** (activité 1)	p.229	p.55	p.84
CALCULS MULTIPLICATIFS ET DE DIVISION	**Module 2 :** apprendre à calculer	**ACTIVITÉS D'ACCOMPAGNEMENT :**			
		Les jeux de bataille, loto, dominos	p.289	p.56	p.85
		Les jeux de cartes	p.290	p.56	p.85
CONNAÎTRE LES NOMBRES	**Module 1 :** désignations écrites et orales des nombres	**Les mini-tartare**	p.347	p.56	p.86
	Module 2 : structurer la suite des nombres	**Le jeu des 4 chiffres**	p.380	p.57	p.87
	Module 3 : des nombres pour mesurer	**Le couloir**[1]	p.411	p.57	

Avertissement

1. « Les œufs » *(Problèmes)* - **« Le couloir »** *(Connaître les nombres)*
Les activités prévues au cours de cette quinzaine sont nombreuses. Les activités « les œufs » et « le couloir » peuvent être reportées à une autre quinzaine ou supprimées.

2. Activités d'accompagnement
Elles sont toutes proposées dans le *Guide d'utilisation pages 55 et 56.*
- Calculs additifs et soustractifs : tournoi de calcul (jeu 3), loto (jeu 4);
- Calculs multiplicatifs et de division : bataille, loto, dominos, jeux de cartes.
Il appartient au maître de sélectionner les activités les plus adaptées aux besoins de sa classe.

Problèmes

Les partages
(activité 2)

Ermel page 91

Nombre de séances : 1

Matériel :

- énoncé, support de l'activité, *Cahier de l'élève page 78* ; l'énoncé est à compléter. Pour le choix des nombres, voir *Ermel page 91 ;*
- des cubes et des jetons, à utiliser par les élèves en difficulté.

Déroulement

• **Séance** (45 min) - Activité 2, *Ermel page 91.*
Commencer par la lecture de l'énoncé, *Cahier de l'élève page 78.*
La recherche individuelle est effectuée sur une feuille de brouillon qui sera agrafée au *Cahier de l'élève.* Sur ce cahier, figureront une à deux procédures efficaces de résolution du problème (essais par calcul).

Problèmes

Le rugby

Ermel pages 92 et 93

Nombre de séances : 2

Matériel : énoncés 1 et 2, supports de l'activité, *Cahier de l'élève page 79;* l'énoncé 2 est à compléter. Pour le choix des nombres, voir *Ermel page 92.*

Déroulement

• **1re séance** (45 min) - Étapes 1, 2 et 3, *Ermel pages 92 et 93.*
Travailler sur l'énoncé 1, *Cahier de l'élève page 79.* Commencer par la lecture de l'énoncé. La recherche s'effectue sur une feuille de brouillon qui sera agrafée dans le *Cahier de l'élève.* Chaque élève fera figurer dans son cahier les solutions qu'il n'a pas trouvées.

• **2e séance** (30 min) - Étape 4, *Ermel page 93.*
Travailler sur l'énoncé 2, *Cahier de l'élève page 79.* Commencer par la lecture de l'énoncé.

Problèmes

Les œufs

Ermel pages 93 et 94

Nombre de séances : 2

Matériel : énoncés 1 et 2, supports de l'activité, *Cahier de l'élève page 80;* l'énoncé 2 est à compléter. Pour le choix des nombres, voir *Ermel page 94.*

Déroulement

• **1re séance** (45 min) - Reprendre les étapes 1, 2 et 3 de l'activité « Le rugby », *Ermel pages 92 et 93.*
Travailler sur l'énoncé 1, *Cahier de l'élève page 80.* Commencer par la lecture de l'énoncé. La recherche s'effectue sur une feuille de brouillon qui sera agrafée dans le *Cahier de l'élève.* Chaque élève fera figurer dans son cahier les solutions qu'il n'a pas trouvées.

• **2e séance** (30 min) - Reprendre l'étape 4 de l'activité « Le rugby », *Ermel page 93.*
Travailler sur l'énoncé 2, *Cahier de l'élève page 80.* Commencer par la lecture de l'énoncé.

Calculs additifs et soustractifs

Déplacements sur piste graduée
(activité 4)

Ermel pages 149 et 150

Nombre de séances : 2

Matériel : 1 feuille de route à préparer par le maître, voir *Ermel pages 149 et 150.*

Déroulement

• **1re séance** (20 min) - Activité 4, *Ermel pages 149 et 150.* Puis donner les exercices 1 et 3, *Cahier de l'élève page 81.*

• **2e séance** (30 min) - Prolongements, *Ermel page 150.*
Débuter la séance par les problèmes oraux, *Ermel page 150.*

Calculs additifs et soustractifs

Calculs : le tournoi de calcul - le loto

Ermel pages 176 - 182

1 Le tournoi de calcul : jeu 3
(Ermel page 176)

Nombre de séances : 1

Matériel :
- des cartes à préparer par le maître, voir *Ermel page 176.*

Jeu 3 : passage à la dizaine inférieure ou supérieure pour des nombres de 3 chiffres.

Déroulement

• **Séance** (20 min) - Le déroulement est identique à celui des jeux 1 et 2 du tournoi de calcul, voir *Guide d'utilisation page 17.*

☞ Par la suite, ce jeu fonctionnera au cours des activités rituelles.

2 Le loto : jeu 4 *(Ermel page 182)*

Nombre de séances : 1

Matériel : des cartes à fabriquer par le maître, voir *Ermel page 182.*

Jeu 4 : s'entraîner au calcul sur les multiples de 10.

Déroulement

• **Séance** (20 min) - Le déroulement de cette séance est identique à celui du jeu 1 de loto, voir *Guide d'utilisation page 17.*

☞ Par la suite, ce jeu fonctionnera :
- au cours des activités rituelles;
- en jeu autonome.

☞ En fin de quinzaine, proposer les exercices écrits 1 à 3, *Cahier de l'élève page 82,* pour mesurer si les objectifs visés sont atteints.

Calculs additifs et soustractifs

Utilisation de la calculette (activités 4 à 7)

Ermel pages 212 et 213

Nombre de séances : 2

Déroulement

• **1re séance** (20 min) - Activités 4 et 5 : changer un seul chiffre d'un nombre et compter, décompter de 100 en 100, *Ermel page 212.*

• **2e séance** (20 min) - Activités 6 et 7: aller d'un nombre à un autre en modifiant un seul chiffre à la fois et additionner un nombre compris entre 10 et 30 en faisant plusieurs opérations, *Ermel page 213.*

Calculs additifs et soustractifs

Les envahisseurs

Ermel pages 218 et 219

Nombre de séances : 1

Matériel : 1 règle du jeu et un exercice collectif, support de l'activité, *Cahier de l'élève page 83.*

Déroulement

• **Séance** (45 min) - Reprendre le déroulement proposé par *Ermel pages 218 et 219.*
Lecture de la règle du jeu puis partie collective à partir de l'exercice proposé dans le *Cahier de l'élève page 83.* La recherche individuelle s'effectue dans le *Cahier de l'élève.*

Calculs additifs et soustractifs

La droite numérique (activité 1)

Ermel pages 229 à 232

Nombre de séances : 2

Matériel : exercice 1, support de l'activité, *Cahier de l'élève page 84.*

Déroulement

• **1re séance** (45 min) - Activité 1 : première, deuxième et troisième phases, *Ermel pages 229 à 232.* Au cours de la troisième phase, travailler à partir de l'exercice écrit 1, *Cahier de l'élève page 84.*

• **2e séance** (20 min) - Activité 1 : reprise de la troisième phase, *Ermel pages 231 et 232.* Donner l'exercice écrit 2, *Cahier de l'élève page 84.*

☞ L'exercice écrit 2, *Cahier de l'élève page 84* peut être effectué avec l'aide du maître pour les élèves en difficulté ou seuls pour les autres élèves.

Calculs multiplicatifs et de division

Calculs : les jeux de bataille, loto, dominos - les jeux de cartes

Ermel pages 289 - 290

1 Les jeux de bataille, loto, dominos *(Ermel page 289)*

Nombre de séances : 1 (par jeu)

Matériel :

- les *Numéricartes du loto* avec règle du jeu;
- des cartes à préparer par le maître pour les jeux de bataille et de dominos, voir *Ermel page 289.*

Déroulement

• **Séance** (20 min) - Appropriation de la règle du jeu.

☞ Les *Numéricartes du loto* sont à présenter dès la période 3 - quinzaine 2, mais elles seront surtout utilisables en période 4.

☞ Les trois jeux de bataille, loto, dominos pourront ensuite fonctionner :
- au cours des activités rituelles;
- en activité autonome au cours de la journée.

2 Les jeux de cartes *(Ermel pages 290 et 291)*

Nombre de séances : 1

Matériel : cartes à fabriquer par le maître, voir *Ermel page 290.*

Déroulement

• **Séance** (20 min) - Appropriation de la règle du jeu, *Ermel pages 290 et 291.*

☞ Par la suite, ce jeu sera proposé en activités rituelles.

☞ Au cours de la quinzaine, la fréquentation des jeux multiplicatifs est très importante pour inciter les élèves à mémoriser les tables. En fin de quinzaine, proposer les exercices écrits 1 à 4, *Cahier de l'élève page 85.*

☞ À l'issue de ces séances de jeux multiplicatifs, coller dans le « cahier-mémoire » les tables de multiplication 6, 7, 8, 9, fiche photocopiable 16, *Guide d'utilisation page 58.*

Connaître les nombres

Les mini-tartare

Ermel pages 347 à 350

Nombre de séances : 3

Matériel : voir *Ermel page 347.*

Déroulement

• **1re séance** (45 min) - Première phase, *Ermel pages 347 à 349.*

• **2e séance** (45 min) - Deuxième phase : recherche individuelle et mise en commun des solutions, *Ermel pages 349 et 350.*
Bien faire formuler la différence entre « boîtes » et « paquets ».
À la suite de la mise en commun, institutionnaliser :
- 100 = 10 dizaines
- 100 = 10 boîtes de 10

• **3e séance** (30 min) - Deuxième phase : entraînement, *Ermel page 350.*
Les exercices de conversion sur des nombres faciles, proposés par *Ermel page 350,* seront effectués sur l'ardoise.
Pour les problèmes, donner les exercices écrits 1 à 3 proposés dans le *Cahier de l'élève page 86.*

☞ Tous ces exercices pourront être repris avec les élèves en difficulté lors d'une activité de soutien.

Connaître les nombres

Le jeu des 4 chiffres

Ermel pages 380 et 381

Nombre de séances : 2

Matériel :

- des cartons collectifs de 0 à 9 ;
- 10 cartes individuelles à compléter par les élèves.

Déroulement

• **1re séance** (20 min) - Première phase, *Ermel pages 380 et 381.*

• **2e séance** (20 min) - Deuxième phase : donner les exercices écrits 1 à 3, *Cahier de l'élève page 87.*

☞ Sur la quinzaine, un entraînement est nécessaire pour bien atteindre l'objectif visé. On pourra proposer des activités rapides à effectuer sur l'ardoise, à partir des cartes collectives.
Exemple de consignes à donner :
- « Écrivez le plus grand nombre. »
- « Écrivez le plus petit nombre. »

Connaître les nombres

Le couloir

Ermel pages 411 à 419

Nombre de séances : 1

Matériel : voir la description rapide proposée par *Ermel page 411.*

Déroulement

• **Séance** (45 min) - Étapes 1 et 2, *Ermel pages 411 et 412.*

Fiche 16

Les répertoires multiplicatifs *(Calculs multiplicatifs et de division)*

0 x 6 = 0	0 x 7 = 0	0 x 8 = 0
1 x 6 = 6	1 x 7 = 7	1 x 8 = 8
2 x 6 = 12	2 x 7 = 14	2 x 8 = 16
3 x 6 = 18	3 x 7 = 21	3 x 8 = 24
4 x 6 = 24	4 x 7 = 28	4 x 8 = 32
5 x 6 = 30	5 x 7 = 35	5 x 8 = 40
6 x 6 = 36	6 x 7 = 42	6 x 8 = 48
7 x 6 = 42	7 x 7 = 49	7 x 8 = 56
8 x 6 = 48	8 x 7 = 56	8 x 8 = 64
9 x 6 = 54	9 x 7 = 63	9 x 8 = 72
10 x 6 = 60	10 x 7 = 70	10 x 8 = 80

0 x 9 = 0	0 x 10 = 0
1 x 9 = 9	1 x 10 = 10
2 x 9 = 18	2 x 10 = 20
3 x 9 = 27	3 x 10 = 30
4 x 9 = 36	4 x 10 = 40
5 x 9 = 45	5 x 10 = 50
6 x 9 = 54	6 x 10 = 60
7 x 9 = 63	7 x 10 = 70
8 x 9 = 72	8 x 10 = 80
9 x 9 = 81	9 x 10 = 90
10 x 9 = 90	10 x 10 = 100

PÉRIODE 3 - QUINZAINE 3

P L A N N I N G

THÈME	MODULE	ACTIVITÉS	ERMEL	GUIDE	CAHIER ÉLÈVE
PROBLÈMES	**Module 3 :** développement de stratégies de recherche	**La monnaie**	p.94	p.60	p.88
CALCULS ADDITIFS ET SOUSTRACTIFS	**Module 2 :** apprendre à calculer - mémoriser et/ou reconstruire rapidement des résultats	**Les jeux de mariage**	p.199	p.60	
		Le jeu de la cible (la cible des dizaines)	p.200	p.60	p.89
	- s'approprier des procédures de calcul réfléchi	**Calcul rapide**	p.215	p.60	
	- réinvestir ces compétences	**Les mots chiffrés** (activité 1)	p.219	p.60	p.90
	- utiliser différents outils de calcul	**La droite numérique**[1] (activités 2 et 3)	p.232	p.61	p.91
CALCULS MULTIPLICATIFS ET DE DIVISION	**Module 2 :** apprendre à calculer	**Calcul de répertoires**	p.291	p.61	p.92
		ACTIVITÉS D'ACCOMPAGNEMENT[2] : **Les jeux multiplicatifs**	p.289		
CONNAÎTRE LES NOMBRES	**Module 1 :** désignations écrites et orales des nombres	**Le caissier 2** (le caissier encaisse)	p.352	p.61	p.93
	Module 2 : structurer la suite des nombres	**La spirale des nombres**	p.378	p.61	
	Module 3 : des nombres pour mesurer	ACTIVITÉS D'ACCOMPAGNEMENT : **Les mesures**	p.421	p.62	p.94
BILAN 3, voir *Guide d'utilisation page 62.*					

Avertissement

1. « La droite numérique » *(Calculs additifs et soustractifs)*
L'activité « la droite numérique » est à proposer aux élèves ayant rencontré des difficultés à l'issue des activités « déplacements sur piste graduée » et « utilisation de la calculette » *(Calculs additifs et soustractifs)* proposées en période 3 - quinzaine 2.

2. Activités d'accompagnement *(Calculs multiplicatifs et de division)*
Au cours de cette quinzaine, il est nécessaire de renforcer la mémorisation des répertoires multiplicatifs par la fréquentation de jeux multiplicatifs (jeux de bataille, loto, dominos, jeux de cartes), afin de préparer au mieux les activités des périodes 4 et 5.

Problèmes

La monnaie

Ermel pages 94 et 95

Nombre de séances : 2

Matériel : énoncés 1 et 2, supports de l'activité, *Cahier de l'élève page 88.*

Déroulement

• **1re séance** (45 min) - Activité 1, *Ermel pages 94 et 95.*
Travailler sur l'énoncé 1, *Cahier de l'élève page 88.*
La recherche individuelle s'effectue sur une feuille de brouillon qui sera ensuite agrafée au *Cahier de l'élève.* Les élèves noteront sur leur cahier les solutions qu'ils n'ont pas trouvées.

• **2e séance** (45 min) - Activité 2, *Ermel page 95.*
Travailler sur l'énoncé 2, *Cahier de l'élève page 88.*

Calculs additifs et soustractifs

Les jeux de mariage (jeu 3)

Ermel page 199

Nombre de séances : 1

Matériel : les *Numéricartes des jeux de mariage.*
Il s'agit :
- d'ajouter 10 à un nombre de 2 ou 3 chiffres;
- de retrancher 10 à un tel nombre.

Déroulement

• **Séance** (20 min) - Appropriation de la règle du jeu, *Ermel page 197.*

☞ Par la suite, ce jeu pourra fonctionner :
- au cours des activités rituelles;
- en jeu autonome.

Calculs additifs et soustractifs

Le jeu de la cible (la cible des dizaines - jeu 1)

Ermel pages 200 à 202

Nombre de séances : 2

Matériel : 1 jeu de cartes des multiples de 10 (de 10 à 150) à usage collectif, à préparer par le maître.

Déroulement

• **1re séance** (30 min) - Première phase, *Ermel page 201.*

• **2e séance** (30 min) - Deuxième phase, *Ermel page 202.*
Puis proposer les exercices écrits 1 et 2, *Cahier de l'élève page 89.*

☞ Au cours de la quinzaine, cette activité pourra se poursuivre de façon rituelle.

Calculs additifs et soustractifs

Calcul rapide

Ermel pages 215 et 216

Nombre de séances : 1

Déroulement

• **Séance** (20 min) - Reprendre le déroulement proposé par *Ermel pages 215 et 216.* Les calculs seront effectués sur l'ardoise.

Calculs additifs et soustractifs

Les mots chiffrés (activité 1)

Ermel pages 219 et 220

Nombre de séances : 1

Matériel : 1 table des valeurs des lettres et les exercices écrits 1 à 4, supports de l'activité, *Cahier de l'élève page 90.*

Déroulement

• **Séance** (30 min) - Activité 1, *Ermel pages 219 et 220.* Découverte de l'activité à partir de la table des valeurs proposée dans le *Cahier de l'élève page 90.* Puis effectuer les exercices écrits 1 à 4, *Cahier de l'élève page 90.*
Le mot à trouver dans l'exercice 4 est le mot « yeux ».

Calculs additifs et soustractifs

La droite numérique (activités 2 et 3)

Ermel pages 232 à 238

Nombre de séances : 4

Déroulement

• **1re séance** (30 min) - Activité 2 : première et deuxième phases, *Ermel pages 232 à 234.*

• **2e séance** (20 min) - Activité 2 : troisième phase, *Ermel pages 234 et 235.*

• **3e séance** (20 min) - Activité 2 : quatrième phase, *Ermel page 235.*
Proposer les exercices écrits 1 et 2, *Cahier de l'élève page 91.*

• **4e séance** (40 min) - Activité 3 : première, deuxième et troisième phases, *Ermel pages 236 à 238.*

Calculs multiplicatifs et de division

Calcul de répertoires

Ermel page 291

Nombre de séances : 1
Matériel : exercice écrit 1, support de l'activité, *Cahier de l'élève page 92.*

Déroulement

• **Séance** (30 min) - Travailler sur l'exercice écrit 1, *Cahier de l'élève page 92.*

☞ On pourra continuer la mémorisation des tables par la fréquentation des jeux multiplicatifs.

☞ En fin de quinzaine, donner l'exercice écrit 2, *Cahier de l'élève page 92.*

Connaître les nombres

Le caissier 2 (le caissier encaisse)

Ermel pages 351 à 354

Nombre de séances : 3
Matériel :
- reprise du matériel individuel utilisé pour l'activité « le caissier 1 » et constitué de billets et de pièces de monnaie, planche 3, *Cahier de l'élève ;*
- des cartes avec objets représentés, à préparer par le maître, voir la liste dans *Ermel page 351.*

Déroulement

• **1re séance** (45 min) - Première phase, *Ermel pages 351 à 353.*

• **2e séance** (45 min) - Deuxième phase, *Ermel page 353.*

• **3e séance** (30 min) - Troisième phase : proposer les exercices écrits 1 et 2, *Cahier de l'élève page 93.*

☞ Pour les élèves en difficulté, les manipulations des deux premières séances peuvent être reprises avec le maître afin de s'assurer de la compréhension des échanges 1 contre 10.

Connaître les nombres

La spirale des nombres

Ermel pages 378 et 379

Nombre de séances : 4
Matériel :
- 1 spirale numérotée distribuée par le maître, fiche photocopiable 17, *Guide d'utilisation page 63 ;* la fiche peut être agrandie au format A3 ;
- 1 règle du jeu recopiée au tableau par le maître, voir *Guide d'utilisation page 62 ;*
- des pions, des calculettes, des cartons-nombres de 1 à 15 écrits en rouge, des cartons-nombres de 5 à 25 écrits en vert, voir *Ermel page 378.*

Déroulement

• **1re séance** (20 min) - Première phase, *Ermel pages 378 et 379.*
Travailler sur la spirale distribuée par le maître fiche photocopiable 17, *Guide d'utilisation page 63;* faire des remarques sur cette spirale.

• **2e séance** (20 min) - Deuxième phase, *Ermel page 379.*
Commencer par la lecture de la règle du jeu donnée ci-dessous puis jouer.

• **3e séance** (20 min) - Troisième phase, *Ermel page 379.*

• **4e séance** (20 min) - Quatrième phase, *Ermel page 379.*

☞ Voici la règle du jeu. Elle pourra être recopiée au tableau par le maître.
« Le jeu se joue en équipe de 3. L'un des joueurs contrôle la partie avec une calculette. Chaque joueur est représenté par un pion.

À tour de rôle, les joueurs tirent un carton de la pile :
- les nombres écrits en vert font avancer;
- les nombres écrits en rouge font reculer.
Il faut tirer un nombre vert pour commencer la partie.
Le but du jeu est d'être le premier à atteindre ou à dépasser la fin de la spirale. »

Connaître les nombres

Les mesures (activités d'accompagnement)

Ermel page 421

Nombre de séances : 1
Matériel : 1 double décimètre.

Déroulement

• **Séance** (20 min) - Activités 3 et 4, *Ermel page 421.*
Puis proposer les exercices écrits 1 à 3, *Cahier de l'élève page 94.*

Bilan 3

À la fin de la période, proposer le bilan 3, *Cahier de l'élève page 95.*

La spirale des nombres *(Connaître les nombres)*

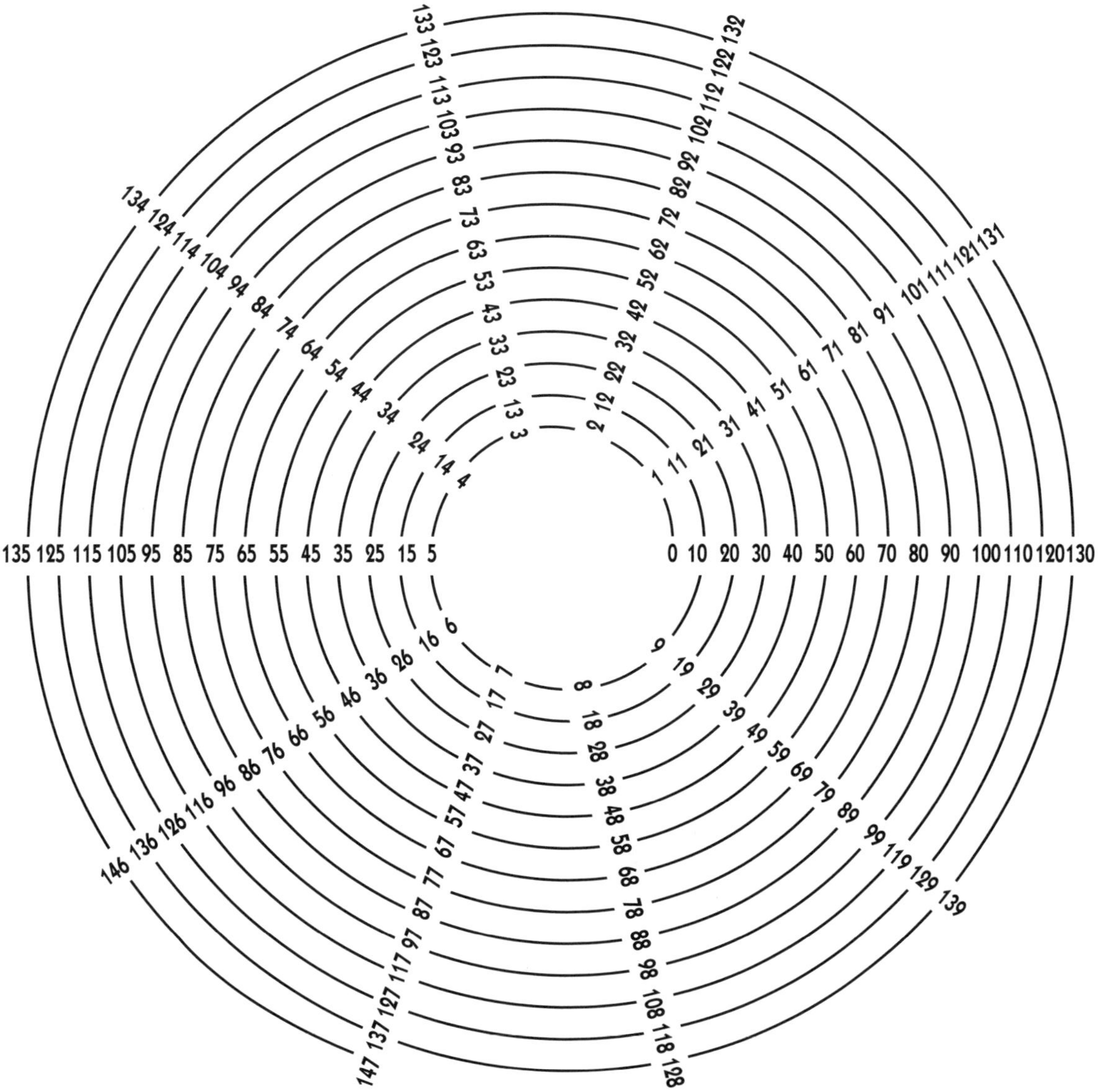

PÉRIODE 4 - QUINZAINE 1

P L A N N I N G

THÈME	MODULE	ACTIVITÉS	ERMEL	GUIDE	CAHIER ÉLÈVE
PROBLÈMES	**Module 2 :** sélection d'informations et compréhension d'énoncés	**La carte géographique**	p.76	p.66	p.98
		La fiche horaire	p.79	p.66	p.100
CALCULS ADDITIFS ET SOUSTRACTIFS	**Module 1 :** problèmes additifs et soustractifs	**Problèmes à énoncés** [1]	p.150	p.66	p.101
		Les enveloppes [2]	p.154	p.66	
	Module 2 : apprendre à calculer				
	- mémoriser et/ou reconstruire rapidement des résultats	**Les cartes recto-verso** (jeu 8)	p.173	p.67	p.102
	- s'approprier des procédures de calcul réfléchi	**Utilisation d'un catalogue de résultats** (activité 4)	p.207	p.67	p.102
	- réinvestir ces compétences	**Les mots chiffrés** (activité 2)	p.220	p.67	
CALCULS MULTIPLICATIFS ET DE DIVISION	**Module 1 :** problèmes multiplicatifs	**Les factures**	p.275	p.67	p.103
CONNAÎTRE LES NOMBRES	**Module 2 :** structurer la suite des nombres	**Le plus près**	p.381	p.68	p.105
	Module 3 : des nombres pour mesurer	**La feuille bien centrée**	p.414	p.68	
		ACTIVITÉS D'ACCOMPAGNEMENT : **Les mesures**	p.422	p.68	p.106

Avertissement

1. « **Problèmes à énoncés** » *(Calculs additifs et soustractifs)*
Différents contextes sont proposés (problèmes concernant le repérage dans le temps, comparaison de quantité, etc.).
Les problèmes sont à répartir sur les 3 quinzaines de la période 4.

2. « **Les enveloppes** » *(Calculs additifs et soustractifs)*
Cette activité est à proposer aux élèves rencontrant des difficultés dans la résolution de problèmes du type :

Ⓔ T $^{+}$ E

Ⓔ T $^{-}$ E

Problèmes

La carte géographique

Ermel pages 76 à 78

Nombre de séances : 2

Matériel :

- 1 carte de France, 1er support de l'activité, *Cahier de l'élève page 99;*
- 1 carte régionale de France, 2e support de l'activité, *Cahier de l'élève page 98;*
- ou un autre support selon les projets propres à chaque classe.

Déroulement

• **1re séance** (40 min) - Étapes 1, 2, et 3, *Ermel pages 76 à 78.*
Travailler sur la carte de France, exercice 1, *Cahier de l'élève page 98.*

• **2e séance** (30 min) - Étape 4, *Ermel page 78.*
Travailler sur la carte régionale, exercice 2, *Cahier de l'élève page 99.*

Problèmes

La fiche horaire

Ermel page 79

Nombre de séances : 2

Matériel : 1 fiche horaire SNCF, support de l'activité, exercice 1, *Cahier de l'élève page 100.*

Déroulement

• **1re séance** (30 min) - Reprendre l'étape 1 de l'activité « La carte géographique », *Ermel page 76.*
Travailler sur la fiche horaire, exercice 1, *Cahier de l'élève page 100.*

• **2e séance** (30 min) - Reprendre les étapes 2 et 3 de l'activité « La carte géographique », *Ermel page 78.*
Travailler sur l'exercice écrit 2, *Cahier de l'élève page 100.*

Calculs additifs et soustractifs

Problèmes à énoncés

Ermel pages 150 à 154

Nombre de séances : 1 (par problème)

Matériel :

- 5 énoncés, *Cahier de l'élève pages 101 à 102 ;*
- 11 énoncés, fiche photocopiable 18, *Guide d'utilisation pages 69 et 70 ;* il s'agit d'un stock d'énoncés pour toute la période 4.

Déroulement

• **Séance type** (15 min)
1. lecture individuelle, silencieuse;
2. lecture orale par le maître pour les élèves qui ont des difficultés en lecture;
3. recherche individuelle;
4. mise en commun des procédures.

☞ Au cours de la quinzaine, proposer les énoncés 1 à 5, *Cahier de l'élève pages 101 et 102.*

☞ Au cours de la période, penser à répartir les énoncés de la fiche photocopiable 18, *Guide d'utilisation pages 69 à 70.*

Calculs additifs et soustractifs

Les enveloppes

Ermel pages 154 à 156

Nombre de séances : 2

Matériel :

- des enveloppes et des jetons à préparer par le maître;
- autre, voir *Ermel page 149.*

Déroulement

• **1re séance** (30 min) - Activité 1, *Ermel pages 149 à 150.*

• **2e séance** (30 min) - Activité 2, *Ermel pages 150 à 151.*

Calculs additifs et soustractifs

Calculs : les cartes recto-verso - utilisation d'un catalogue de résultats

Ermel pages 173 et 174 - 207

1 Les cartes recto-verso : jeu 8
(Ermel page 173)

Nombre de séances : 1

Matériel : cartes à fabriquer par le maître, voir *Ermel pages 170 et 174.*

Jeu 8 :
- ajouter 100 à un nombre de 2 ou 3 chiffres;
- retrancher 100 d'un nombre de 3 chiffres.

Déroulement

• **Séance** (20 min) - Appropriation de la règle du jeu, *Ermel page 170.*

☞ Par la suite, ce jeu fonctionnera de façon autonome :
- au cours des activités rituelles;
- en libre-service dans la journée.

2 Utilisation d'un catalogue de résultats : activité 4
(Ermel page 207)

Nombre de séances : 1

Matériel : des catalogues à préparer par le maître, voir *Ermel page 207.*

Déroulement

• **Séance** (20 min) - Activité 4 : construire des résultats des 3 répertoires élargis aux multiples de 10, *Ermel page 207.*

☞ Au cours de la quinzaine proposer les exercices écrits 1 à 3, *Cahier de l'élève page 102.*

Calculs additifs et soustractifs

Les mots chiffrés
(activité 2)

Ermel page 220 et 221

Nombre de séances : 1

Matériel : 1 table des valeurs des lettres à préparer par le maître, voir *Ermel page 220.*

Déroulement

• **Séance** (20 min) - Activité 2, *Ermel pages 220 et 221.*

Calculs multiplicatifs et de division

Les factures

Ermel pages 275 à 283

Nombre de séances : 4

Matériel :
- des bons de commande à préparer par le maître, voir *Ermel page 279* pour l'activité 1 ;
- énoncés 1 à 2, supports de l'activité 2, *Cahier de l'élève pages 103 et 104 ;*
- des calculettes pour les élèves, à prévoir.

Déroulement

1re séance (45 min) - Activité 1 : première phase, *Ermel pages 277 et 278.*

2e séance (45 min) - Activité 1 : deuxième phase, *Ermel pages 278 à 281.*

3e séance (45 min) - Activité 2 : première phase, *Ermel pages 281 et 282.*
Travailler sur l'exercice 1, *Cahier de l'élève page 103.*

4e séance (45 min) - Activité 2 : deuxième phase, *Ermel pages 282 et 283.*
Travailler sur l'exercice 2, *Cahier de l'élève page 104.*

☞ La somme à dépenser est à compléter en fonction des capacités des élèves : 1 000 € ou 600 €.

Connaître les nombres

Le plus près

Ermel pages 381 à 383

Nombre de séances : 1

Déroulement

• **Séance** (20 min) - Première et deuxième phases, *Ermel pages 381 et 382.*
Donner les exercices écrits 1 à 4, *Cahier de l'élève page 105.*

Connaître les nombres

La feuille bien centrée

Ermel pages 414 et 415

Nombre de séances : 1
Matériel : voir *Ermel page 414.*

Déroulement

• **Séance** (20 min) - Reprendre le déroulement proposé par *Ermel page 414.*

Connaître les nombres

Les mesures (activités d'accompagnement)

Ermel page 422

Nombre de séances : 3 (1 par situation)
Matériel :
- 1 double décimètre, mètre, ou ruban de couturière ;
- autre, voir *Ermel page 422.*

Déroulement

• **1re séance** (15 min) - Calculer la moitié d'une longueur, *Ermel page 422.*

• **2e séance** (15 min) - Estimer des longueurs, *Ermel page 422.*

• **3e séance** (15 min) - Mesurer en mètres, *Ermel page 422.*

☞ En fin d'activité, proposer les exercices 1 à 3, *Cahier de l'élève page 106.*

Fiche 18

Problèmes à énoncés *(Calculs additifs et soustractifs)*

1 Frédéric et Grégoire sont allés ramasser des châtaignes. En rentrant à la maison, Frédéric dit : « J'ai ramassé 85 châtaignes » ; Grégoire dit alors : « J'en ai 23 de plus que toi ! »

Combien Grégoire a-t-il ramassé de châtaignes ?

2 Ce matin, madame Hervé a oublié de regarder le compteur de sa voiture quand elle est partie. En rentrant le soir, elle voit qu'il marque 132 km et elle se rappelle qu'elle a fait 28 km.

Aide-là à retrouver ce qui était inscrit sur son compteur quand elle est partie dans la matinée.

3 Quand je suis arrivé, le compteur de la photocopieuse marquait 529 ; j'ai fait 23 photocopies.

Que marque-t-il maintenant ?

4 Aujourd'hui la maman de François a 37 ans.

Quelle est sa date de naissance ?

5 Un joueur peut lancer cinq fléchettes sur une cible partagée en cinq zones : « 100 », « 50 », « 33 », « 9 », « 0 ».
Il gagne : un kilo de chocolats s'il fait 500 ; une boîte de pâtes de fruits s'il fait 250 ou plus ; un paquet de bonbons s'il fait 150 ou plus ; un carambar s'il fait 50 ou plus.

Trouve plusieurs façons de gagner un de ces lots.

6 Dans l'armoire de la classe, il y a 52 cahiers rouges, 35 cahiers verts, 63 cahiers jaunes, 76 crayons, 25 gommes et 47 règles.

Combien y a-t-il de cahiers dans l'armoire de la classe ?

7 À l'école Beauséjour, il y a 543 élèves. Ce jour-là, 165 élèves sont partis pour une sortie de fin d'année et 59 sont allés au théâtre, 12 sont malades.

Combien d'élèves sont dans l'école ?

Fiche 18

Problèmes à énoncés *(Calculs additifs et soustractifs)*

8 Monsieur Durand est fatigué : il est arrivé au premier étage de la tour Eiffel qui a 632 marches en tout et il sait qu'il doit encore monter 358 marches.

Combien y a-t-il de marches pour arriver au premier étage de cette tour ?

9 La tour est bien haute ; il y a d'abord 347 marches pour arriver à la première plate-forme, puis encore 468 marches.

Combien y a-t-il de marches pour arriver en haut de la tour ?

10 Marc a 122 billes.
Pierre en a 210.

Combien faudra-t-il que Marc gagne de billes pour en avoir autant que Pierre ? Ou bien combien faudra-t-il que Pierre en perde pour en avoir autant que Marc ?

11 Marie a 12 ans ; sa sœur Sonia a deux ans de moins qu'elle et son frère Thomas a cinq ans de plus que Sonia. Leur sœur Camille a 12 ans de moins que Thomas.

Quel est l'âge des frères et sœurs de Marie ?
Quand Marie est née, sa maman avait 28 ans et son papa avait 3 ans de plus qu'elle.
Quel est l'âge des parents de Marie ?

PÉRIODE 4 - QUINZAINE 2

P L A N N I N G

THÈME	MODULE	ACTIVITÉS	ERMEL	GUIDE	CAHIER ÉLÈVE
PROBLÈMES	**Module 2 :** sélection d'informations et compréhension d'énoncés	**Thomas dans un grand magasin**	p.80	p.72	p.107
		Zoo 2	p.82	p.72	p.108
CALCULS ADDITIFS ET SOUSTRACTIFS	**Module 1 :** problèmes additifs et soustractifs	**Problèmes à énoncés**	p.150	p.72	p.109
	Module 2 : apprendre à calculer				
	- mémoriser et/ou reconstruire rapidement des résultats	**Le tournoi de calcul** (jeu 4)	p.176	p.72	p.110
	- s'approprier des procédures de calcul réfléchi	**Utilisation de la calculette** (activité 8)	p.214	p.73	
	- réinvestir ces compétences	**Les intervalles**	p.221	p.73	
CALCULS MULTIPLICATIFS ET DE DIVISION	**Module 2 :** apprendre à calculer	**La calculette**	p.292	p.73	p.111
		Vers l'algorithme de la multiplication	p.293	p.73	p.112
CONNAÎTRE LES NOMBRES	**Module 2 :** structurer la suite des nombres	**Le compte est bon**	p.393	p.73	p.113

Problèmes

Thomas dans un grand magasin

Ermel pages 80 à 82

Nombre de séances : 2

Matériel : énoncé, support de l'activité, *Cahier de l'élève page 107.*

Déroulement

• **1re séance** (45 min) - Première phase, *Ermel pages 80 et 81.*
Commencer par la lecture de l'énoncé, *Cahier de l'élève page 107.*
Au cours de l'étape 2, écrire les questions dans le *Cahier de l'élève.*

• **2e séance** (45 min) - Deuxième phase, *Ermel pages 81 et 82.*
Il s'agit de résoudre la question « Combien Thomas a-t-il dépensé en tout? »
Faire la recherche sur une feuille de brouillon qui sera ensuite agrafée au *Cahier de l'élève.*
Les élèves n'ayant pas résolu le problème écriront la solution dans leur cahier.

Calculs additifs et soustractifs

Problèmes à énoncés

Ermel pages 150 à 154

Nombre de séances : 1 (par problème)

Matériel :
- 5 énoncés, supports de l'activité, *Cahier de l'élève pages 109 et 110;*
- 11 énoncés photocopiables, fiche photocopiable 18, *Guide d'utilisation pages 69 à 70.*

Déroulement

• **Séance type** (15 min) :
1. lecture individuelle silencieuse;
2. lecture orale par le maître pour les élèves qui ont des difficultés en lecture;
3. recherche individuelle;
4. mise en commun des procédures.

☞ Au cours de la quinzaine, proposer les énoncés 1 à 5, *Cahier de l'élève pages 109 et 110.*

☞ Au cours de toute la période, penser à répartir les enoncés de la fiche photocopiable 18.

Problèmes

Zoo 2

Ermel pages 82 à 84

Nombre de séances : 1

Matériel : énoncé, support de l'activité, *Cahier de l'élève page 108.*

Déroulement

• **Séance** (45 min) - Étapes 1, 2 et 3, *Ermel pages 83 et 84.*
Commencer par la lecture de l'énoncé, *Cahier de l'élève page 108.* Compléter le tableau puis répondre à la question « Combien madame Dupont a-t-elle dépensé pour le pique-nique ? » sur une feuille de brouillon qui sera agrafée dans le *Cahier de l'élève* après la mise en commun.

Calculs additifs et soustractifs

Le tournoi de calcul (jeu 4)

Ermel pages 176 et 177

Nombre de séances : 1

Matériel : des cartes à préparer par le maître, voir *Ermel page177.*

Jeu 4 : passage à la centaine inférieure ou supérieure pour des nombres entiers de dizaines.

Déroulement

• **Séance** (20 min) - Le déroulement de la séance est identique à celui des jeux 1, 2 et 3 du tournoi de calcul, voir *Guide d'utilisation page 17.*
Proposer l'exercice écrit, *Cahier de l'élève page 110.*

☞ Par la suite, ce jeu fonctionnera en activités rituelles.

Calculs additifs et soustractifs

Utilisation de la calculette (activité 8)

Ermel page 214

Nombre de séances : 1
Matériel : une calculette par élève à prévoir.

Déroulement

• **Séance** (20 min) - Activité 8 : aller d'un nombre à un autre en modifiant un seul chiffre à la fois, *Ermel page 214.*
Reprendre le déroulement de l'activité 3, *Ermel pages 210 à 212.*

Calculs additifs et soustractifs

Les intervalles

Ermel pages 221 et 222

Nombre de séances : 2

Déroulement

• **1re séance** (20 min) - Activité 1, *Ermel pages 221 et 222.*

• **2e séance** (20 min) - Activité 2, *Ermel page 222.*

Calculs multiplicatifs et de division

La calculette

Ermel page 292

Nombre de séances : 1
Matériel : une calculette par élève à prévoir.

Déroulement

• **Séance** (30 min) - Voir *Ermel page 292.*
Puis proposer les exercices écrits 1 à 3, *Cahier de l'élève page 111.*

Calculs multiplicatifs et de division

Vers l'algorithme de la multiplication

Ermel pages 293 et 294

Nombre de séances : 3
Matériel : 1 table de Pythagore, fiche photocopiable 19, *Guide d'utilisation page 74.*

Déroulement

• **1re séance** (40 min) - Première phase, *Ermel page 293.*

• **2e séance** (40 min) - Deuxième phase, *Ermel pages 293 et 294.*

• **3e séance** (30 min) - Donner les exercices écrits 1 et 2, *Cahier de l'élève page 112.*

Connaître les nombres

Le compte est bon

Ermel page 393

Nombre de séances : 2
Matériel :
- des cartes à préparer par le maître, voir *Ermel page 393;*
- 1 règle du jeu et l'exercice écrit 2, supports de l'activité, *Cahier de l'élève page 113.*

Déroulement

• **1re séance** (30 min) :
1. lecture de la règle du jeu, *Cahier de l'élève page 113;*
2. parties de jeu collectives, voir exemples de cartons tirés dans *Ermel page 393.*

• **2e séance** (30 min) - Parties de jeu fictives à partir de l'exercice écrit 2, *Cahier de l'élève page 113.*

☞ Par la suite, ce jeu pourra fonctionner de manière rituelle.

Fiche 19

La table de Pythagore *(Calculs multiplicatifs et de division)*

x	0	1	2	3	4	5	6	7	8	9	10
0	0	0	0	0	0	0	0	0	0	0	0
1	0	1	2	3	4	5	6	7	8	9	10
2	0	2	4	6	8	10	12	14	16	18	20
3	0	3	6	9	12	15	18	21	24	27	30
4	0	4	8	12	16	20	24	28	32	36	40
5	0	5	10	15	20	25	30	35	40	45	50
6	0	6	12	18	24	30	36	42	48	54	60
7	0	7	14	21	28	35	42	49	56	63	70
8	0	8	16	24	32	40	48	56	64	72	80
9	0	9	18	27	36	45	54	63	72	81	90
10	0	10	20	30	40	50	60	70	80	90	100

PÉRIODE 4 - QUINZAINE 3

P L A N N I N G

THÈME	MODULE	ACTIVITÉS	ERMEL	GUIDE	CAHIER ÉLÈVE
PROBLÈMES	**Module 2 :** sélection d'informations et compréhension d'énoncés	**Le voyage en avion** *	p.84	p.76	p.114
		Production d'énoncés	p.86	p.76	
CALCULS ADDITIFS ET SOUSTRACTIFS	**Module 1 :** problèmes additifs et soustractifs	**Problèmes à énoncés**	p.150	p.76	p.117
	Module 2 : apprendre à calculer	**Le jeu de la cible** (la cible des centaines)	p.202	p.76	p.118
	- mémoriser et/ou reconstruire rapidement des résultats	ACTIVITÉS D'ACCOMPAGNEMENT **Comptines orales : de 100 en 100**			
	- s'approprier des procédures de calcul réfléchi	**Utilisation de la calculette** (activité 9)	p.214	p.77	
CALCULS MULTIPLICATIFS ET DE DIVISION	**Module 2 :** apprendre à calculer	**Combien au plus ?**	p.292	p.77	p.119
		Trouvez l'intrus !	p.292	p.77	p.120
CONNAÎTRE LES NOMBRES	**Module 2 :** structurer la suite des nombres	**25, 50, 75**	p.394	p.77	p.121
		ACTIVITÉS D'ACCOMPAGNEMENT **Comptines orales : de 25 en 25 et de 50 en 50**			
		Calculs (activités d'entraînement)	p. 394	p. 77	p.122
BILAN 4, voir *Guide d'utilisation page 78.*					

Avertissement

* « **Le voyage en avion** » *(Problèmes)*
Le premier énoncé de l'activité « le voyage en avion » et les deux autres énoncés proposés dans cette activité, « sortie en autobus » et « le TGV », sont longs. Les calculs ne présentent pas de difficultés, mais toute l'attention sera portée sur le tri des informations.
Ces trois problèmes sont à répartir sur toute la quinzaine.
Selon le niveau de la classe et selon la réussite au premier problème, « le voyage en avion », le maître proposera si nécessaire le deuxième problème « sortie en autobus ».

Problèmes

Le voyage en avion

Ermel pages 84 à 86

Nombre de séances : 5

Matériel : énoncés 1, 2 et 3, supports des activités, *Cahier de l'élève pages 114,115 et 116.*

Déroulement

• **1re séance** (45 min) - Activité 1 : étapes 1 et 2, *Ermel pages 84 et 85.*
Donner l'énoncé 1 « Le voyage en avion », *Cahier de l'élève page 114.* Commencer par la lecture de l'énoncé.
La recherche individuelle s'effectuera dans le *Cahier de l'élève.* Après cette recherche, le maître analysera les productions des élèves et ne retiendra que les plus pertinentes pour la mise en commun.

• **2e séance** (45 min) - Activité 1 : étape 3, *Ermel page 85.* On poursuivra le travail sur « Le voyage en avion ».

• **3e séance** (proposée, si nécessaire, quelques jours plus tard) et **4e séance** (45 min chacune) - Activité 2, *Ermel pages 85 et 86* à partir de l'énoncé 2 « Sortie en autobus », *Cahier de l'élève page 115.*
Le déroulement étant identique à celui du problème « Le voyage en avion », deux séances sont donc bien nécessaires.

• **5e séance** (30 min) proposée en fin de quinzaine - Activité 2 : évaluation, *Ermel page 86.* Faire travailler sur l'énoncé 3 « le TGV », *Cahier de l'élève page 116.*

Problèmes

Production d'énoncés

Ermel pages 86 et 87

Nombre de séances : 3

Déroulement

• **1re séance** (45 min) - Étape 1, *Ermel pages 86 et 87.*
La production s'effectuera sur feuille libre pour faciliter les échanges entre élèves.

• **2e séance** (45 min) - Étape 2, *Ermel page 87.*

• **3e séance** (30 min) - Prolongement, *Ermel page 87.*

Calculs additifs et soustractifs

Problèmes à énoncés

Ermel pages 150 à 154

Nombre de séances : 1 (par problème)

Matériel :
- 4 énoncés, *Cahier de l'élève page 117;*
- des énoncés photocopiables, fiche photocopiable 18, *Guide d'utilisation pages 69 à 70.*

Déroulement

• **Séance type** (15 min) - voir *Guide d'utilisation page 72.*

☞ Au cours de la quinzaine, proposer les énoncés 1 à 4, *Cahier de l'élève page 117.*

☞ Au cours de la période, penser à répartir les énoncés de la fiche photocopiable 18, *Guide d'utilisation pages 69 à 70.*

Calculs additifs et soustractifs

Le jeu de la cible (la cible des centaines - jeu 2)

Ermel pages 202 à 204

Nombre de séances : 2

Matériel :
- des cartes à préparer par le maître, voir *Ermel page 202.*

Déroulement

• **1re séance** (30 min) - Appropriation de la situation, *Ermel page 202.*

• **2e séance** (30 min) - Travail individuel et correction collective à partir des exercices écrits 1 et 2, *Cahier de l'élève page 118.*

☞ Au cours de la quinzaine, l'activité pourra être poursuivie de façon rituelle.

Calculs additifs et soustractifs

Utilisation de la calculette (activité 9)

Ermel pages 214 et 215

Nombre de séances : 2
Matériel : une calculette par élève.

Déroulement

• **1re séance** (20 min) - Activité 9 : additionner, soustraire un nombre en faisant plusieurs opérations. Première phase, *Ermel pages 214 et 215.*

• **2e séance** (20 min) - Deuxième phase, *Ermel page 215.*

Calculs multiplicatifs et de division

Combien au plus ?

Ermel page 292

Nombre de séances : 2
Matériel :
- énoncés 1 et 2, supports de l'activité, *Cahier de l'élève page 119;*
- des calculettes pour les élèves.

Déroulement

• **1re séance** (30 min) - Travailler sans calculette sur l'exercice écrit 1, « les microscopes », *Cahier de l'élève page 119.*

• **2e séance** (30 min) - Travailler avec ou sans calculette sur l'exercice écrit 2, « les livres » *Cahier de l'élève page 119.*

Calculs multiplicatifs et de division

Trouvez l'intrus !

Ermel pages 292 et 293

Nombre de séances : 1
Matériel : exercices écrits 1 et 2, supports de l'activité, *Cahier de l'élève page 120.*

Déroulement

• **Séance** (45 min) - Donner les exercices écrits 1 et 2, *Cahier de l'élève page 120.*

Connaître les nombres

25, 50, 75

Ermel page 394

Nombre de séances : 1
Matériel :
- dés marqués 25, 25, 25, 50, 50, 75, à préparer par le maître;
- 1 règle du jeu avec grille de jeu, *Cahier de l'élève page 121*;
- les répertoires 25, 50, 70, fiche photocopiable 20, *Guide d'utilisation page 79.*

Déroulement

• **Séance** (45 min) :
1. lecture de la règle du jeu, *Cahier de l'élève page 121*;
2. partie de jeu collective pour appropriation du jeu. Le maître reproduira une grille au tableau;
3. partie en groupes, à partir de la grille à compléter dans le *Cahier de l'élève page 121.*

☞ Par la suite, ce jeu fonctionnera de manière autonome.

☞ À l'issue de la séance, les élèves devront savoir utiliser les combinaisons de 25, 50, 75 qui font 100, 200 ou 300.

☞ À l'issue de cette situation, les répertoires 25, 50, 75, fiche photocopiable 20, *Guide d'utilisation page 79*, seront collés dans le « cahier-mémoire ».

Connaître les nombres

Calculs
(activités d'entraînement)

Ermel page 394

Nombre de séances : 1

Matériel : exercices écrits 1 à 4, supports de l'activité, *Cahier de l'élève page 122.*

Déroulement

• **Séance** (20 min) - Proposer les exercices écrits 1 à 4, *Cahier de l'élève page 122.*

Bilan 4

À la fin de la période, proposer le bilan 4, *Cahier de l'élève page 123.*

25, 50, 75 *(Connaître les nombres)*

50
25 + 25
2 x 25

75
25 + 25 + 25
3 x 25
25 + 50

100
25 + 25 + 25 + 25
4 x 25
50 + 50
75 + 25

À toi de décomposer !

200
8 x 25
4 x 50
2 x 100
75 + 75 + 25 + 25

300
....
....
....
....

PÉRIODE 5 - QUINZAINE 1

P L A N N I N G

THÈME	MODULE	ACTIVITÉS	ERMEL	GUIDE	CAHIER ÉLÈVE
PROBLÈMES	**Module 3 :** développement de stratégies de recherche	**Les partages** (activité 3)	p.91	p.82	p.126
CALCULS ADDITIFS ET SOUSTRACTIFS	**Module 1 :** problèmes additifs et soustractifs	**La boîte jaune**	p.157	p.82	p.128
	Module 2 : apprendre à calculer				
	- mémoriser et/ou reconstruire rapidement des résultats	**Le loto** (jeu 5)	p.182	p.82	
	- s'approprier des procédures de calcul réfléchi	**Calcul rapide**	p.215	p.82	
CALCULS MULTIPLICATIFS ET DE DIVISION	**Module 1 :** problèmes multiplicatifs	**Les nombres rectangulaires**	p.283	p.82	p.129
		ACTIVITÉS D'ACCOMPAGNEMENT * : **Jeux multiplicatifs**	p.289		
CONNAÎTRE LES NOMBRES	**Module 3 :** des nombres pour mesurer	**Le liseré**	p.416	p.83	

Avertissement

* **Activités d'accompagnement** *(Calculs multiplicatifs et de division)*
Pour favoriser la mémorisation des tables de multiplication, poursuivre la fréquentation des jeux multiplicatifs : jeux de bataille, loto, dominos et jeux de cartes.

Problèmes

Les partages (activité 3)

Ermel pages 91 et 92

Nombre de séances : 3

Matériel : énoncés 1, 2 et 3, supports de l'activité, *Cahier de l'élève pages 126 et 127.*

Déroulement

• **1re séance** (30 min) - Activité 3 : étape 1, partager en 3, *Ermel page 91.*
Donner l'énoncé 1, *Cahier de l'élève page 126.*
Travailler directement sur le *Cahier de l'élève.*

• **2e séance** (30 min) - Activité 3 : étape 1, partager en 4, *Ermel page 91.*
Donner l'énoncé 2, *Cahier de l'élève page 126.*
Travailler directement sur le *Cahier de l'élève.*

• **3e séance** (45 min) - Activité 3 : étape 2, rendre un partage équitable, *Ermel pages 91 et 92.*
Donner l'énoncé 3, *Cahier de l'élève page 127.*
Travailler directement sur le *Cahier de l'élève.*

Calculs additifs et soustractifs

La boîte jaune

Ermel pages 157 et 158

Nombre de séances : 3

Matériel :
- des cubes ;
- autre, voir *Ermel page 157.*

Déroulement

• **1re séance** (30 min) - Activité 1, *Ermel page 157.*
L'activité 1 est à réserver aux élèves en difficulté.

• **2e séance** (30 min) - Activité 2, *Ermel pages 157 et 158.*

• **3e séance** (30 min) - Activité 3, *Ermel page 158.*
Proposer les exercices écrits 1 à 4, *Cahier de l'élève page 128.*

Calculs additifs et soustractifs

Le loto (jeu 5)

Ermel pages 182 et 183

Nombre de séances : 1

Matériel : les *Numéricartes du loto* avec règle du jeu.

Il s'agit :
- d'ajouter 100 à un nombre de 2 ou 3 chiffres;
- de retrancher 100 d'un nombre de 3 chiffres.

Déroulement

• **Séance** (20 min) - Le déroulement est identique à celui du jeu 1 de loto, voir *Guide d'utilisation page 17.*

☞ Par la suite, ce jeu fonctionnera :
- au cours des activités rituelles;
- en jeu autonome.

Calculs additifs et soustractifs

Calcul rapide

Ermel pages 215 et 216

Nombre de séances : 1

Déroulement

• **Séance** (20 min) - Reprendre le déroulement proposé par *Ermel pages 215 à 216.* Le travail s'effectue sur l'ardoise.

Calculs multiplicatifs et de division

Les nombres rectangulaires

Ermel pages 283 à 286

Nombre de séances : 4

Matériel :
- des cubes;
- 1 page quadrillée, fiche photocopiable 21, *Guide d'utilisation page 84;*
- autre, voir *Ermel pages 284, 285 et 286.*

Déroulement

- **1re séance** (45 min) - Activité 1, *Ermel pages 284 et 285.*
- **2e séance** (45 min) - Activité 2 : première phase, *Ermel page 285.*
- **3e séance** (45 min) - Activité 2 : deuxième et troisième phases, *Ermel page 286.*
- **4e séance** (20 min) - Proposer les exercices 1 et 2, *Cahier de l'élève page 129.*

Connaître les nombres

Le liseré

Ermel pages 416 et 417

Nombre de séances : 2

Matériel : voir *Ermel page 416.*

Déroulement

- **1re séance** (45 min) - Étapes 1 et 2, *Ermel page 416.*
- **2e séance** (30 min) - Étape 2, les élèves essaient une deuxième fois, *Ermel page 416.*

Fiche 21

Les nombres rectangulaires *(Calculs multiplicatifs et de division)*

PÉRIODE 5 - QUINZAINE 2

P L A N N I N G

THÈME	MODULE	ACTIVITÉS	ERMEL	GUIDE	CAHIER ÉLÈVE
PROBLÈMES	**Module 3 :** développement de stratégies de recherche	**Les aimants** **Le restaurant**	p.96 p.97	p.86 p.86	p.130 p.131
CALCULS ADDITIFS ET SOUSTRACTIFS	**Module 1 :** problèmes additifs et soustractifs	**La piste graduée**	p.159	p.86	p.132
	Module 2 : apprendre à calculer				
	- mémoriser et/ou reconstruire rapidement des résultats	**Les jeux de mariage** (jeu 4)	p.199	p.86	p.132
	- réinvestir ces compétences	**Les maxisommes**	p.222	p.86	
	- utiliser des outils de calculs	**La droite numérique** (activité 4)	p.238	p.86	p.132
CALCULS MULTIPLICATIFS ET DE DIVISION	**Module 2 :** apprendre à calculer	**Opération puzzle**	p.294	p.87	p.133
		ACTIVITÉS D'ACCOMPAGNEMENT * : **Jeux multiplicatifs**	p.289		
CONNAÎTRE LES NOMBRES	**Module 1 :** désignations écrites et orales des nombres	**Les cahiers**	p.354	p.87	p.136
		ACTIVITÉS D'ACCOMPAGNEMENT **Comptines de 10 en 10, et de 100 en 100**			
	Module 3 : des nombres pour mesurer	**La monnaie**	p.418	p.87	p.137
		ACTIVITÉS D'ACCOMPAGNEMENT **Comptines de 5 en 5, de 20 en 20**			

Avertissement

* **Activités d'accompagnement** *(Calculs multiplicatifs et de division)*
Pour favoriser la mémorisation des tables de multiplication, poursuivre la fréquentation des jeux multiplicatifs.

Problèmes

Les aimants

Ermel pages 96 et 97

Nombre de séances : 2
Matériel : énoncé, support de l'activité, *Cahier de l'élève page 130.*

Déroulement

• **1re séance** (45 min) - Étapes 1 et 2, *Ermel pages 96 et 97.*
Travailler sur l'énoncé, *Cahier de l'élève page 130.*
La résolution du problème s'effectue sur une feuille de brouillon qui sera ensuite agrafée dans le *Cahier de l'élève.*

• **2e séance** (45 min) - Étape 3, *Ermel page 97.*
Différer la mise en commun afin d'analyser les différentes productions des élèves.
Faire figurer deux procédures différentes dans le *Cahier de l'élève.*

Problèmes

Le restaurant

Ermel pages 97 et 98

Nombre de séances : 2
Matériel : énoncés 1 et 2, supports de l'activité, *Cahier de l'élève page 131.*

Déroulement

• **1re séance** (45 min) - Étapes 1 et 2, *Ermel page 98.*
Travailler sur l'énoncé 1, *Cahier de l'élève page 131.*

• **2e séance** (45 min) - Étape 3, *Ermel page 98.*
Travailler sur l'énoncé 2, *Cahier de l'élève page 131.* La recherche s'effectue sur une feuille de brouillon. Dans le *Cahier de l'élève* figureront les procédures non trouvées.

Calculs additifs et soustractifs

Calculs : la piste graduée - les jeux de mariage - les maxisommes - la droite numérique

Ermel pages 159 à 161 - 199 et 200 - 222 et 223 - 238 à 240

1 La piste graduée (*Ermel pages 159 à 161)*

Nombre de séances : 2
Matériel : voir *Ermel page 159.*

Déroulement

• **1re séance** (30 min) - Activité 1, *Ermel page 159.*

• **2e séance** (30 min) - Activité 2, *Ermel pages 160 et 161.*

2 Les jeux de mariage : jeu 4
(Ermel pages 199 et 200)

Nombre de séances : 1
Matériel : des cartes à fabriquer par le maître, voir *Ermel pages 197 et 200.*
Jeu 4 : passage à la centaine inférieure ou supérieure des nombres entiers de dizaines.

Déroulement

• **Séance** (20 min) - Appropriation de la règle du jeu.
Reprendre le déroulement du jeu 1, *Ermel page 198.*

3 Les maxisommes *(Ermel pages 222 et 223)*

Nombre de séances : 1

Déroulement

• **Séance** (20 min) - Règle du jeu et déroulement proposé par *Ermel pages 222 et 223.*
Le travail sera collectif et se fera au tableau.

4 La droite numérique : activité 4
(Ermel pages 238 à 240)

Nombre de séances : 1

Déroulement

• **Séance** (20 min) - Activité 4, *Ermel pages 238 à 240.*
Le travail sera collectif et se fera au tableau.

☞ En fin de quinzaine, proposer les exercices écrits 1 à 5, *Cahier de l'élève pages 132 et 133.*

Calculs multiplicatifs et de division

Opération puzzle

Ermel page 294

Nombre de séances : 1

Déroulement

• **Séance** (20 min) - Voir *Ermel page 294.*
Le travail sera collectif et se fera au tableau.

☞ Au cours de la quinzaine, donner les exercices 1 à 6, *Cahier de l'élève pages 133, 134 et 135.* Les exercices 3 à 6 sont des exercices d'entraînement.

Connaître les nombres

Les cahiers

Ermel pages 354 à 357

Nombre de séances : 3
Matériel : voir *Ermel pages 354 et 355.*

Déroulement

• **1re séance** (45 min) - Activité 1, *Ermel pages 354 et 355.*

• **2e séance** (45 min) - Activité 2, *Ermel pages 355 et 356.*

• **3e séance** (45 min) - Activité 3 : entraînement, *Ermel page 357.*
Donner les exercices écrits 1 à 4, *Cahier de l'élève page 136.*

Connaître les nombres

La monnaie

Ermel page 418 et 419

Nombre de séances : 3
Matériel : voir *Ermel page 418.*

Déroulement

• **1re séance** (30 min) - Première phase, *Ermel page 418.*

• **2e séance** (30 min) - Deuxième phase, *Ermel pages 418 et 419.*

• **3e séance** (30 min) - Donner les exercices écrits 1 et 2, *Cahier de l'élève page 137.*

PÉRIODE 5 - QUINZAINE 3

PLANNING

THÈME	MODULE	ACTIVITÉS	ERMEL	GUIDE	CAHIER ÉLÈVE
PROBLÈMES	**Module 3 :** développement de stratégies de recherche	**Le thé des maîtresses**[1]	p.94	p.90	p.138
CALCULS ADDITIFS ET SOUSTRACTIFS	**Module 1 :** problèmes additifs et soustractifs	**Problèmes à énoncés** (réinvestissement)	p.155	p.90	p.139
	Module 2 : apprendre à calculer - mémoriser et/ou reconstruire rapidement des résultats	**Les dominos** (jeu 3)	p.178	p.90	
		Les jeux de bataille (jeu 3)	p.181	p.90	
CALCULS MULTIPLICATIFS ET DE DIVISION	**Module 1 :** problèmes multiplicatifs	**Problèmes multiplicatifs**		p.90	p.140
		ACTIVITÉS D'ACCOMPAGNEMENT[2] : **Jeux multiplicatifs**	p.276		
CONNAÎTRE LES NOMBRES	**Module 1 :** désignations écrites et orales des nombres	**Les « louches trouées »**	p.341	p.91	p.141
	Module 3 : des nombres pour mesurer	ACTIVITÉS D'ACCOMPAGNEMENT : **Les mesures**	p.404	p.91	p.142
BILAN 5, voir *Guide d'utilisation page 91.*					

Avertissement

1. « Le thé des maîtresses » *(Problèmes)*
La résolution individuelle du problème, *« le thé des maîtresses »*, est difficile même en fin de CE1. On souhaite surtout favoriser la formulation de questions intermédiaires. La résolution du problème peut donc être collective.

2. Activités d'accompagnement *(Calculs multiplicatifs et de division)*
Pour favoriser la mémorisation des tables de multiplication, poursuivre la fréquentation des jeux multiplicatifs : jeux de bataille, loto, dominos et jeux de cartes.

Problèmes

Le thé des maîtresses

Ermel pages 98 à 100

Nombre de séances : 3

Matériel :

- voir *Ermel page 98;* prévoir des boîtes de sucre.

Déroulement

• **1re séance** (45 min) - Étape 1, *Ermel page 100.* L'observation d'une boîte d'un kilo de sucre et la lecture de l'énoncé sont à faire simultanément.

• **2e séance** (45 min) - Étape 2, *Ermel page 100.* Donner l'énoncé, *Cahier de l'élève page 138.* Les élèves travaillent sur le *Cahier de l'élève.*

• **3e séance** (30 min) - Étape 3, *Ermel page 100.*

Calculs additifs et soustractifs

Problèmes à énoncés (réinvestissement)

Ermel page 161

Nombre de séances : 1 (par problème)

Matériel :

- énoncés 1 à 3, supports de l'activité, *Cahier de l'élève page 139;*
- autres énoncés, voir *Ermel page 161.*

Déroulement

• **Séance type** (15 min) - Réinvestissement, *Ermel page 161.*
Voir le déroulement d'une séance type, *Guide d'utilisation page 72.*

☞ Au cours de la quinzaine, proposer les énoncés 1 à 3, *Cahier de l'élève page 139.*

Calculs additifs et soustractifs

Les dominos (jeu 3)

Ermel pages 185 et 186

Nombre de séances : 1

Matériel : voir *Ermel page 186;* ce matériel est à fabriquer par le maître ou par les élèves.

Jeu 3 : s'entraîner au calcul sur les multiples de 100.

Déroulement

• **Séance** (20 min) - Appropriation de la règle du jeu, *Ermel page 185.*

☞ Par la suite, ce jeu pourra fonctionner en activités rituelles ou libres.

Calculs additifs et soustractifs

Les jeux de bataille (jeu 3)

Ermel page 188

Nombre de séances : 1

Matériel : des cartes à fabriquer par le maître, voir *Ermel page 188.*

Jeu 3 : s'entraîner au calcul sur les multiples de 100.

Déroulement

• **Séance** (20 min) - Voir le déroulement proposé par *Ermel page 187.*

Calculs multiplicatifs et de division

Problèmes multiplicatifs

Cahier de l'élève page 00

Nombre de séances : 1 (par problème)

Matériel :

- énoncés 1 à 2, supports de l'activité, *Cahier de l'élève page 140;*
- des calculettes pour les élèves.

Déroulement

• **Séance type** (15 min) :
1. lecture silencieuse;
2. résolution individuelle avec calculette disponible;
3. mise en commun.

☞ Au cours de la quinzaine, proposer les problèmes 1 et 2, *Cahier de l'élève page 140.*

Connaître les nombres

Les « louches trouées »

Ermel pages 357 à 361

Nombre de séances : 3

Matériel : voir *Ermel pages 357 et 358* (pour l'activité 1) et *page 360* (pour l'activité 2).

Déroulement

• **1re séance** (45 min) - Activité 1, *Ermel pages 357 à 359.*

• **2e séance** (45 min) - Activité 2, *Ermel pages 360 et 361.*

• **3e séance** (30 min) - Donner les exercices écrits 1 à 4, *Cahier de l'élève page 141.*

Connaître les nombres

Les mesures (activités d'accompagnement)

Ermel pages 422 à 424

Nombre de séances : 3

Déroulement

• **1re séance** (15 min) - Se représenter des longueurs, *Ermel page 422.*
Donner l'exercice écrit 1, *Cahier de l'élève page 142.*

• **2e séance** (15 min) - Se fier aux mesures et non à la perception, *Ermel page 423.*
Donner l'exercice écrit 2, *Cahier de l'élève page 142.*

• **3e séance** (15 min) - Mesurer avec le corps, *Ermel pages 423 et 424.*

Bilan 5

À la fin de la période, proposer le bilan 5, *Cahier de l'élève page 143.*

EXOPLUS - Période 1

1 Calcule tous les résultats de cette table.

+	3	4	5	6	7	8	9
7							
8							
9							

2 Calcule les résultats des cases grises.

+	6	7	8	9	10	11	12	13
4								
5								
6								

3 Calcule rapidement.

6 + 4 = ...

8 + 3 = ...

5 + 6 = ...

10 + 4 = ...

12 + 3 = ...

10 + 7 = ...

4 À la cantine, il y a 15 tables :
– 8 tables sont occupées par 4 élèves ;
– 3 tables sont occupées par 3 élèves.

Combien d'élèves y a-t-il à la cantine ?

EXOPLUS - Période 2

1 Cécile joue au jeu du caissier.

Elle a déjà :
– 8 pièces de 10 € ;
– 8 pièces de 1 €.

Elle gagne :
– 6 pièces de 10 € ;
– 4 pièces de 1 €.
Puis elle fait les échanges.

Combien possède Cécile maintenant ?

2 Complète les calculs.

26 + ... = 30	35 – ...... = 30	50 – ...... = 45
44 + ... = 50	63 – ...... = 60	40 – ...... = 36
...... + 92 = 100	...... – 9 = 50	...... – 7 = 60

3 Je pense à un nombre. Je lui ajoute 15. Je trouve 38.
Quel est ce nombre ?

4 Je prends le nombre 50. Je lui ajoute 25.
Combien je trouve ?

EXOPLUS - Période 3

1 Le nombre cherché est dans cette liste.

101 - 333 - 223 - 111 - 321 - 123 - 335 - 404

Trouve-le à l'aide des informations données.
– Est-ce qu'il a 3 chiffres pareils ? Non.
– Est-ce qu'il a 2 chiffres pareils ? Non.
– Le chiffre des dizaines est-il 2 ? Oui.

Si tu trouves, donne le nombre. Sinon, pose d'autres questions.

2 Le nombre cherché est dans cette liste.

11 - 28 - 55 - 44 - 21 - 27 - 33 - 31 - 22 - 41

Trouve-le à l'aide des informations données.
– Se termine-t-il par 1 ? Non.
– A-t-il 2 chiffres pareils ? Non.
– Le chiffre des dizaines est-il 2 ? Oui.
– Se termine-t-il par 7 ? Non.
– Se termine-t-il par 8 ? Oui.

À partir de quelle question es-tu sûr de pouvoir trouver le nombre ?
Barre ce qui est inutile.

3 Voici une partie de la droite numérique.

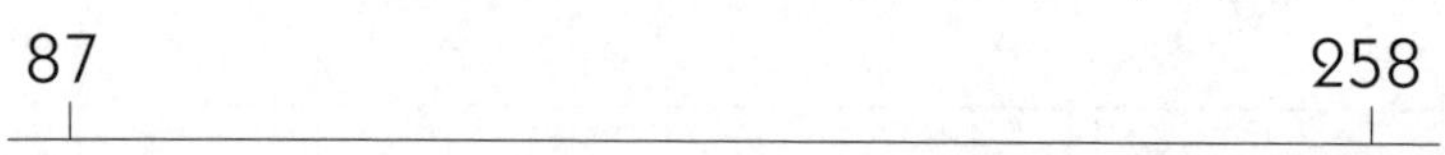

Affiche sur ta calculette le plus petit des 2 nombres.
Sans effacer et en faisant uniquement des additions, tu dois obtenir le second nombre.
Reproduis cette droite sur une feuille, écris au fur et à mesure tes calculs et représente les bonds sur la droite.

EXOPLUS - Période 4

1 Calcule rapidement.

4 x 8 = ...

7 x 7 = ...

...... x ...... = 24

...... x 5 = 15

...... x 6 = 36

...... x ...... = 30

2 Calcule rapidement.

6 x ...... = 18

6 x 6 = ...

7 x 5 = ...

5 x 5 = ...

9 x ...... = 72

...... x ...... = 48

3 Effectue les opérations.

309 x 4 = ...

483 x 5 = ...

705 x 6 = ...

4 Dans une salle de cinéma, il y a 15 rangées de 8 fauteuils chacune.
70 personnes sont déjà assises.

Combien de places disponibles y a-t-il ?

5 Complète la droite numérique.

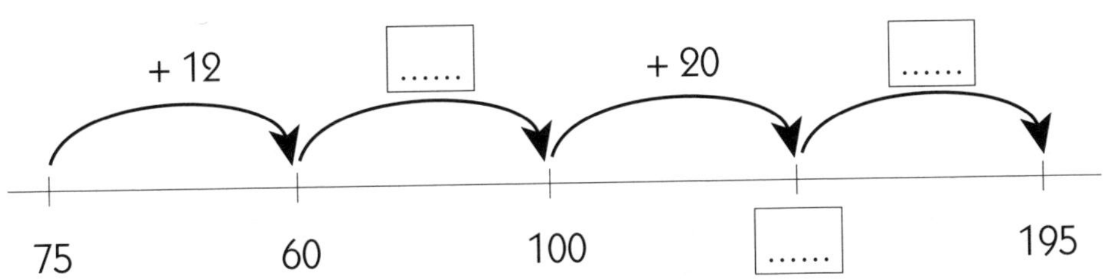

Puis complète le calcul.

75 + ... = 195

EXOPLUS - Période 5

1 Dans un carnet, il y a 10 timbres.

Pour avoir 143 timbres, combien de carnets faut-il acheter ?
Combien de timbres restera-t-il ?

2 Les feuilles de papier sont vendues par paquets de 100.

Combien de paquets faut-il commander pour avoir 2 500 feuilles ?

3 Un sachet contient 18 perles.

a) Combien de perles y a-t-il dans 4 sachets ?

b) Combien de perles y a-t-il dans 7 sachets ?

c) Combien de perles y a-t-il dans 10 sachets ?

4 Indique la mesure des segments suivants.

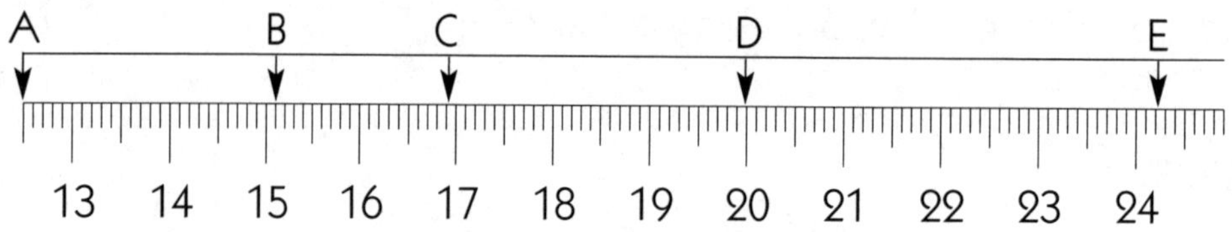

AB = ...
BC = ...
CD = ...
DE = ...

AE = ...
BD = ...
AD = ...
BE = ...

Imprimé en France par Normandie Roto Impression s.a.s. (61250 Lonrai) N° 113827
Dépôt légal : 73507-3/11 - octobre 2011

cipali come anche gli altri antipasti sono basati su infinite variazioni di preparazioni di pesce: fritto, arrosto, alla griglia, al cartoccio, stufato o lesso. Vale la pena di ricordare anche le aragoste alla griglia, gli spiedini di gamberoni, il polpo lesso o alla cacciatora ed anche le triglie, il dentice ed il nasello. Durante la stagione si raccomandano i piatti di selvaggina. Per chiudere con i dolci tipici ricorderemo la „schiaccia briaca", il „corollo", la „schiacciunta" ed il „castagnaccio", vere leccornie.
La viticoltura viene praticata nella parte occidentale dell'isola ed all'interno e rappresenta un'importante fonte di reddito. La denominazione di origine controllata (D.O.C.), il gusto ed il corpo dei vini elbani li rendono apprezzati ovunque per la loro raffinatezza. Ricordiamo il Procanino, il Sangioveto, il Rosato ed i rinomati vini Elba Rosso ed Elba Bianco, anch'essi D.O.C. e di eccellente qualità.
Le isole dell'arcipelago producono anche vini da dessert di più alta gradazione alcolica, quali l'Aleatico e il Moscato, come anche l'Elba, uno spumante che si ottiene per fermentazione naturale. Presso Portoferraio ha sede la celebre casa vinicola „La Chiusa di Magazzini" letteralmente circondata da alte mura e sicuramente uno dei più bei poderi vitivinicoli dell'isola. Risale al XVIII sec. ed è di proprietà della famiglia Foresi che ne permette anche la visita. Per informazioni rivolgersi allo 0565/ 93 30 46; orario d'apertura estivo: ore 9.30 - 12, 17 - 19.30 ed invernale: ore 9 - 12. Altre rinomate case vinicole sono ad Acquabuona, Acqua Calda, Geri, La Pianelle e Sapere.

Napoleone I ad Elba

*Il primo esilio di Napoleone (*1769, †1821) ha reso famosa l'isola ma l'ha anche modificata. Le tracce della sua presenza vengono sfruttate commercialmente, anche se il culto di Napoleone da parte degli elbani non è particolarmente sentito, come dimostra la scarsa presenza di fedeli alla messa per il defunto Napoleone che si tiene annualmente il 5 maggio nella Chiesa della Misericordia a Portoferraio. Ricordiamo in breve i fatti che antecedettero l'esilio di 300 giorni ca. del Bonaparte. Nel 1802 le truppe francesi occuparono l'isola d'Elba. Il 2 dicembre 1804 Napoleone incoronò se stesso e la consorte Giuseppina Beauharnais nella Chiesa di Notre-Dame a Parigi, dopo che papa Pio VII ebbe effettuato l'unzione, proclamandosi imperatore dei Francesi. Un plebiscito ad Elba confermò il governo francese con la maggioranza assoluta. Nel 1805 Napoleone diventò anche re d'Italia ed il figliastro Eugenio Beauharnais vicerè. La Repubblica ligure venne annessa alla Francia. Nello stesso anno Napoleone regalò alla sorella il principato di Piombino, in seguito il granducato di Toscana e le altre isole dell'Arcipelago Toscano. Dopo la disfatta in Russia, la sconfitta di Lipsia nel 1813 e l'occupazione di Parigi da parte degli Anglo-Prussiani Napoleone rinunciò alla corona il 6 aprile 1814 a Fontainebleau e gli venne assegnata l'isola d'Elba, su suo espresso desiderio, come principato autonomo. Il suo esilio durò dal 3 maggio 1814 al 26 febbraio 1815. Al suo arrivo a Portoferraio sulla fregata inglese „Undauted" („impavida"), con 700 fanti e 150 cavallieri al suo seguito, egli venne accolto con entusiasmo dalla popolazione. Il periodo trascorso ad Elba Napoleone lo utilizzò per restaurare e modernizzare l'isola. L'economia e l'amministrazione vennero incrementate e ristrutturate, e l'agricoltura arricchita di nuovi prodotti, quali i gelsi per l'allevamento dei bachi da seta, nuovi vigneti per la produzione del vino ed un'intensa coltura di aranci. Vennero anche incrementate l'estrazione del sale e dei minerali. A Napoleone si deve l'obbligo della canalizzazione sull'intero territorio. La vita sociale durante l'inverno venne anche arricchita dalla presenza di Napoleone e del suo seguito, soprattutto della sorella Paolina Borghese. Ma Napoleone, dopo aver festeggiato il suo 45° compleanno il 15 agosto, ambiva ancora al potere ed abbandonò Elba senza suscitare il sospetto dei suoi*